营销计划全流程执行手册

[美] 罗伯特·布莱（Robert W. Bly）◎著
易文波 ◎译　李炳池 ◎审校

SPM
南方出版传媒
广东人民出版社
·广州·

图书在版编目（CIP）数据

营销计划全流程执行手册 /（美）罗伯特·布莱著；易文波译. —广州：广东人民出版社，2017.10
ISBN 978-7-218-11957-1

Ⅰ. ①营… Ⅱ. ①罗… ②易… Ⅲ. ①市场营销－手册 Ⅳ. ①F713.50-62

中国版本图书馆CIP数据核字(2017)第177177号

The Marketing Plan Handbook : Develop Big-Picture Marketing Plans for Pennies on the Dollar
by Robert W. Bly
Copyright © 2015 by Robert W. Bly
Simplified Chinese translation copyright © 2017 by Grand China Publishing House
All rights reserved including the right of reproduction in whole or in part in any form.
Published by arrangement with Entrepreneur Press through Andrew Nurnberg Associates International Limited.

No part of this book may be used or reproduced in any from without the written permission of the original copyrights holder.

本书中文简体字版通过Grand China Publishing House（中资出版社）授权广东人民出版社在中国大陆地区出版并独家发行。未经出版者书面许可，本书的任何部分不得以任何方式抄袭、节录或翻印。

YingXiao JiHua QuanLiuCheng ZhiXing ShouCe
营销计划全流程执行手册
[美] 罗伯特·布莱 著　易文波 译　　　　　　版权所有　翻印必究

出 版 人：肖风华

策　　划：中资海派
执行策划：黄　河　桂　林
责任编辑：罗　丹
特约编辑：周丹丹
版式设计：王　雪
封面设计：WONDERLAND Book design
　　　　　仙德 QQ:344581934

出版发行：广东人民出版社
地　　址：广州市大沙头四马路10号（邮政编码：510102）
电　　话：(020) 83798714（总编室）
传　　真：(020) 83780199
网　　址：http://www.gdpph.com
印　　刷：深圳市彩美印刷有限公司
开　　本：787mm×1092mm　1/16
印　　张：18.5　字　　数：230千
版　　次：2017年10月第1版　2017年10月第1次印刷
定　　价：45.00元

如发现印装质量问题，影响阅读，请与出版社 (020-83795749) 联系调换。
售书热线：(020) 83795240

权威推荐

佩里·马歇尔（Perry Marshall）
《谷歌关键字广告的终极指南》（*Ultimate Guide to Google AdWords*）、《脸书广告的终极指南》（*Ultimate Guide to Facebook Advertising*）和《80/20营销与销售法则》（*80/20 Sales & Marketing*）**作者**

就收入、成就、客户和声望而言，如果你想在职场中有一番成就，罗伯特·布莱凭借自己清晰的思维，将数十年来在街头摸爬滚打的经验融入这本书中。如果你采用了罗伯特的方法，你就可以侥幸避免跳入没有水的泳池中。他在这本书中建议你做任何事前都要精打细算。史蒂芬·柯维说"以终为始"，罗伯特却说"开始时你就要谋划如何才能得到的完美结局"。

露丝·P. 史蒂文斯（Ruth P. Stevens）
《B2B 数据驱动的营销》（*B2B Data-Driven Marketing*）**作者**

罗伯特·布莱说他的书是关于营销计划的，但这本书实际上是关于企业策划的。在作者一步步的指导下，小企业老板可以仔细考虑一下他们的产品、营销机会以及潜在利润，从而采取最有效的行为完成自己的目标。本书提出了切实可行的建议,是让企业走向成功的一站式信息源。

戴安娜·赫夫 (Dianna Huff)
赫夫工业营销股份有限公司(Huff Industrial Marketing, Inc)**创始人、CEO**

如果你深信市场营销很困难、很浪费时间,或者你觉得自己不具备"正确的"知识,那么你需要看罗伯特·布莱的书。他将提供给你一个你易于执行的计划,让你的生意蒸蒸日上。

马特·富里（Matt Furey）
《格斗训练教程》(*Combat Conditioning*)**作者**

如果你一直在找一本能让你"走得更远"并得到高回报的书,那么请密切关注你手上这本书。本书是我看过的关于白手起家的最全面、最集中及最简明的课程。这本书囊括了现代企业家每天的工作细节,也包括让你最终走向成功的一些行为。无论你是对创业或发展企业感兴趣,还是想要成为顶尖的营销顾问,罗伯特·布莱都将让你眼前一亮,带你走进一座他熟悉的王国。

约翰·福德（John Forde）
"撰稿人的圆桌会议"（The Copywriter's Roundtable）**创始人、编辑**

创建一份精妙的营销计划这一想法绝对会很吓人,一旦你意识到它会给你带来巨大的优势时,你就能做得很好。罗伯特在他的书中做了一件了不起的事:为我们展示了创建一份营销计划的过程。在书的最前面,他试图解释一份出色的营销计划和差劲的营销计划之间的区别。有很多营销人员常常不敢承认自己不懂利用谷歌分析工具获得更好的营销反馈,也不知道如何坚持不懈地弄懂他们需要知道的网上营销度量指标,罗伯特分析了所有致使他们不敢承认的原因。如今如果你不做一个灵活、具有巨大威力的营销计划，你就无法在这社会生存。好消息（事实上是大好消息）是，罗伯特让这件事变得简单了。

罗伯特·林格（Robert Ringer）
《纽约时报》畅销书作者

我算是一个相当优秀的广告写手，但当说到写营销计划，我认为罗伯特·布莱才是个中翘楚。这本价值非凡的书透露了他最大的秘密。

琼·达米科（Joan Damico）
B2B 广告文字撰写人和公关部顾问

营销变得越来越难做，即使是专业营销商也这样认为。布莱提供的十二个步骤，能让小企业主更加有效正确地营销。

林志涛
移动互联网资源整合营销专家、黑龙江贝金科技有限公司董事长

做营销不是一个轻松的活儿，做好营销更是难上加难。罗伯特会告诉你，怎样一步步地做好一件难上加难的事情。从市场定位到落地执行，每个营销环节都有一个个"大坑"等着我们去跳，而这本书会教你如何跳出乃至避免"大坑"，最终赢得最佳的营销效果。

颜义霖
互联网营销专家、国家认证高级营销师

互联网为营销从业者带来了更多机遇，也许一篇微信文章，一个短视频都能引发病毒式传播，为产品和品牌带来巨大收益。作为互联网营销先驱，布莱在书中提及的策略和方案值得我们借鉴。

金诚义

人生赢家商学院联合创始人、社交网络营销顾问

罗伯特·布莱在书中制定的十二个步骤犹如十二个指向标,每一个都把你指向通往成功的终点。不管你是刚刚入行的营销新人,还是身经百战的营销老手,你都能从每个步骤中发现一些绝妙的营销思路和技巧。

李炳池

直接营销导师、顶级文案撰稿人

本书将为你提供许多强大的营销工具,不管是文案撰写"套路",还是数据分析技巧,都能助你创造新的营销传奇。

推荐序 I

每一位营销者的入门指南

胡兴都 知名营销专家
深圳人生赢家教育培训有限公司 CEO

随着生产技术水平的提高，市场竞争日趋激烈。对于企业来说，仅有好的产品和服务并不等于能在竞争中略胜一筹。无数的案例告诉我们，好的产品加上出神入化的市场营销运作，才能让一个产品、品牌在市场上立于不败之地。

如果你仅仅是一个白手起家的小企业主，对营销一窍不通，或者只知皮毛，别担心，本书将成为你的营销入门指南。和其他营销类图书比起来，本书中并没有艰涩难懂的理论知识，只有清晰、明确的操作指导。大到如何做一份完整的营销计划，小到如何写出具有感染力的宣传文案，作者都娓娓道来。

值得一提的是，书中还提供了大量的表格工具和模板。当你发现自己的营销工作无从下手、无法推进时，这些工具会成为点亮你灵感的火柴，让你随时调整、改进自己的策略。本书作者罗伯特·布莱不仅是美国广告界的传奇文案写手（著有《文案创作完全手册》），还是具有

35年经验的营销顾问。他丰富的营销经验会让你知道，灵活的营销计划、营销意识将对每一个公司和营销从业者带来怎样的影响。

互联网时代，营销人员死守老旧的营销理论肯定无法做出亮眼的业绩。本书也会让你知道，整合内容营销、移动营销和社交网络营销等方式，会让你在工作中无往不利！

推荐序 II

让营销计划落地

吴小佳 全网整合营销专家
深圳市小如科技有限公司董事长

如今,网络上流传着各种各样的营销"干货"文章,教我们如何做营销,如何打造一个火遍互联网的爆款产品。仿佛人人都可能成为下一个互联网营销大师。

遗憾的是,这种可能并不存在。营销是一门科学,准确地说,是一门严谨的科学。做过营销的人都知道,一着不慎满盘皆输,从产品的定位到营销策略的落地执行,中间出了任何的差错,都会被视为营销失败。所以,我们怎么敢期待仅凭区区几篇文章就能做好营销呢?

是的,罗伯特·布莱也告诉我们,成为"食物链顶端的人"并不是因为他们的业务能力最出色,而是因为他们是最优秀的营销专家。庆幸的是,他用了一整本书来告诉我们怎样成为优秀的营销专家。关于本书,我的建议是:请相信作者,遵循作者在书中提及的每一个步骤,这不仅会让你的营销思路更加清晰,还能帮你避开一个又一个的雷区,直达胜利彼岸。

事实上，这不是一本单纯的"营销专家养成手册"，它是一本扎根于实际的操作指南。其实，很多人都擅长写一个个天花乱坠的营销计划或方案，但很少有人能把一个个方案落到实处，带来效益。因为，从计划到执行，这中间有太多的变数。但再多的变数，也万变不离其宗。无论在执行过程中遇到什么样的困难，你都能在本书中找到最保险、最快捷的解决方案。哪怕你对于营销这件事情毫无概念，别担心，跟着罗伯特·布莱的12个步骤来。

现在，你最需要做的，就是翻开这本书，让这位有着35年经验的营销顾问告诉你，如何在任何环境下做好营销，做出成绩！

目 录

引　言　你为什么需要一份营销计划　1

第1章　给你的营销计划加一份愿景　1

"如果你不知道要去哪儿，就很难达到目的地"；如果你不知道为何要制订营销计划，那就很难获得自己想要的效果。当你在构思一份营销计划时，若能添加一份内心的渴望，那它将发挥不一样的威力。我们给这份渴望赋予了一个通俗的名字：愿景。

愿景很重要，你得有　2
你想做什么？给自己最热烈的理由　4
可视化后的愿景，更能激励人　6

第2章　利基市场才是你的"舞台"　11

在同一个市场里，势单力薄的小企业想从财大气粗的大企业嘴里分得一块肉，简直是难上加难。但仍有小企业能蓬勃发展，它们主动出击，抓住了大企业忽略的市场——利基市场。利基市场真的是小企业的"福地"吗？我们该如何鉴别它呢？

在30秒内做好电梯演讲的三个步骤　12
不用面面俱到，做好一点足矣　13
专注于更小的市场——"微"利基　15
打算进入一个利基市场？先问问自己……　18

第3章 别说自己了解潜在客户 23

也许你对自己的产品和市场了如指掌，但这并不意味着你就能开始构思自己的营销计划了。你还得了解自己的客户。你需要哪一类客户？他们有购买实力吗？有购买决策权吗？他们真的很需要你的产品吗？你的产品真的能帮他解决问题吗？……

用"MAD FU"公式"审查"客户 25
你要关心的是新近度、频率和消费金额 27
利用数据建模高效锁定潜在客户 31
捕捉客户"核心购买情结"：利益、渴望、感觉 32
政府市场——被忽略的"肥肉" 37
长久地留住客户——了解其终身价值和为什么买 39

第4章 忽视竞争对手，就是忽视差距与机会 45

做营销这一行，埋头苦干不是一项值得表扬的品质，因为这意味着你完全忽视了市场动态，忽视了随时准备超越你、击败你的竞争对手。即使你有强烈的竞争意识，也不要以为所有同行就是对手。一双善于发现竞争对手的眼睛，是每个营销人员的标配。

注意，"敌"从三面来 47
做竞争对手的"跟屁虫" 47
但永远不要复制对手的优点，除非…… 48

第5章 谁也逃不过的定位 53

如果说"我是谁""我来自哪儿""我要去何方"是人类的终极哲学问题，那"我是做什么的""我能提供什么利益""我有什么独特价值"就是营销者要思考的终极哲学问题。回答好这一系列问题，就能助你为企业和产品进行清晰定位，吸引更多客户。

定位一定要被人感知 54
这样创建独特销售卖点，客户才非你不可 56
用户好评就是最好的宣传文案 60
用一年时间证明，你的定位没错 61
宣传手册，另一个门面 63

第 6 章 没有产品线，煮熟的鸭子也会飞　71

在营销中，你的最主要利润来自向当前客户销售更多的产品和服务，没有一条完整的产品线和成熟的营销策略，你就等于放飞了一只又一只煮熟的鸭子。客户不是傻子，而是怀疑论者，会下意识地质疑你的营销活动。所以，你要怎样化解质疑？卖出更多产品呢？

打造新产品，要关注终极益处　74
产品有缺点？坦诚地说出来！　79
优势、特点和益处哪一个才是重点？　80
掌握五大要素，高价也吓不走客户　81
现金流不稳，就别做一锤子买卖　87

第 7 章 营销策略，在精不在多　89

营销要有目标、有方法，可也要有策略。营销策略是达成营销目标的手段、工具。工具选择不当，我们很难挖掘出隐藏在市场中的巨大"金矿"。在众多的营销策略中，我们又要怎样合理地选择呢？策略越多越好吗？你希望策略给你带来什么样的结果？

"引诱"客户做出你期望的行为　90
策略太多？选最接近战略目标的那一个！　93
集客营销 vs. 推广营销：没有最好，只有更适合　97
谁都不抗拒收快递——直邮的复兴　102
品牌化营销？也许你玩不转　105

第 8 章 线上营销的那些"套路"　109

随着互联网的普及，传统的传播平台、渠道和媒介开始被冷落，网络世界的每一个角落都成了营销从业者的战场。若将线上与线下营销方式、渠道相结合，营销效果会更好。至于具体选择哪些营销渠道和媒介，这其中也大有学问。

"躺着赚钱"的秘密　110
电子邮件营销：打入那个圈！　112
免费电子杂志，最好的营销工具之一　114

搜索引擎优化，找准关键词很重要　116
五个方法，构建更全的邮件列表　119
来了，就留下电子邮件地址　121
三步计划：把博客打造成一个推广平台　123

第 9 章　你的营销策略真的有效吗？　125

为了达成自己设定的营销目标、创造更好的业绩，你肯定采用了一个又一个的营销策略。对于这些策略，若不能进行合理地评估，确保其有效性，则会影响整个营销计划。那么，你知道从哪些方面进行评估吗？你选择营销策略值得一直用下去吗？

从最能反映成败的数据下手　128
比起成本，你更应该关注收益率　131
衡量网站度量——流量都去哪儿了？　133
还是让业绩来说话！　140

第 10 章　好了，终于可以写下计划了！　143

在前面几章，你已经确定了愿景、产品和市场定位，选好了营销策略……总之，一份完整的营销计划所需的大部分信息都已经确定下来。剩下的，就是写出一份营销计划，为你接下来的市场营销活提供一份路线图。在开始写之前，这里有一些注意事项。

先写下一年的计划吧！　146
有计划，也要有预算　153
重大营销活动放在首位　155
"肢解"计划，离目标更近　157

第 11 章　如何让营销计划稳稳落地？　165

你已经写好了一份堪称完美的营销计划，并要根据它来开展众多营销活动。遗憾的是，你的营销预算总是不够用；不仅如此，

目 录

营销活动的效果似乎也不是很好。制订更合理的营销预算，撰写更有吸引力的营销文案，可以解决你的一大部分问题。

预算大作战：先做预算？还是先定任务？　166
执行！执行！执行！　170
就做一个营销吝啬鬼！　172
这样写，营销文案才有"吸睛力"　173
激励性序列，更能说服人　177
30 天营销日志，让你更有紧迫感　179

第 12 章　早诊断 + 早调整 = 完美的营销计划　183

俗话说，"计划赶不上变化"，有过实战经验的营销人员应该都知道，再完美的营销计划、营销方案，哪怕到了最后一刻也会有变动的可能。所以，不要以为写好了营销计划就万事大吉。你需要眼观六路，耳听八方，随时了解市场动态，随时调整，保证计划的灵活性！

当市场发生了这些变化　185
不要急着推荐价值 50 万美元的房子　186
更多的测试，更小的风险　188
诊断，从最基本的问题开始　189
微调也能让营销活动重回正轨　190
赚钱系统是这样打造出来的　190

第 13 章　内容营销，让受众自己找上门来　193

在信息爆炸的时代，最稀缺的是注意力，人们对接收到的信息也愈发不信任，所以，在营销活动中想要获得更多人的关注也变得愈加困难。值得庆幸的是，有一种营销方式可以吸引受众关注，并让他们主动找上门来——只要你真的有"生产"内容的能力。

多样化内容营销：从白皮书到电子报　195
内容从哪来？做一只"内容八爪鱼"！　204
四"R"：内容营销的保鲜剂　206
策展，必须"夹带私货"　207

第 14 章 移动营销,更精准、更有效 209

如今,我们已经进入一个大数据的时代。用户每天从手机中各种渠道获取大量的信息,如果你能成为他们的信息源之一,恭喜你,你已经走出了移动营销的第一步。千万不要忽略移动营销的威力,随着移动设备用户的增多,更多的客户在等着你挖掘。

首先,制订移动营销策略 213
没有网站?选择你的移动版网站配置 216
有网站?是时候刷高移动友好度了 216
这些错误,真的不要再犯了 218
邮件过时了?手机邮件还没有! 219

第 15 章 社交营销,让"粉丝"变成消费者 225

从 Facebook 到新浪微博,社交媒体成了人们日常生活中不可缺少的一部分。同时,社交媒体上漫天的广告、推广已经慢慢被用户所接受。社交平台成为许多产品、品牌走入大众视角,实现咸鱼大翻身的重要阵地。所以,你的营销计划里真的不要加入社交营销吗?

"网络口碑"的力量 228
五步搞定社交营销方案 229
检查、追踪和提高你的线上影响力 231
你不可错过的社交媒体 232
不要犹豫,要有耐心 241

附录 A　营销人必用表格和工具　243
附录 B　营销计划范例　255
附录 C　成为营销顾问　267
关于作者　271

 引 言

你为什么需要一份营销计划

美国小型企业管理局（SBA）发布的一项数据显示：约半数小型企业的存活期不足五年。包括SBA在内的多家专门服务小型企业的机构告诉我们，小型企业之所以在五年内夭折，主要原因不是缺少资金，而是不懂得制订获取客户的计划。一些企业很擅长打造产品和提供服务，却对如何盈利一无所知。

请想想，各大主流市场和细分市场中谁的收入最高？谁是最成功的企业主？通常情况下，成为"食物链顶端的人"并不是因为他们的业务能力最出色，而是因为他们是最优秀的营销专家。

这本书旨在向企业经营者和管理者展示如何制订一份能让企业以月为单位实现积极业绩增长的营销计划。如果你研究过所属市场并了解自身业务，那么你将通过完成本书介绍的12个简单步骤，在几天内制订一份成功的营销计划。若你认为每个步骤都无法充分实践，那么你可能需要花更多时间去收集有关你的业务、竞争对手、市场和客户的更多信息。能否成功制订并执行一份营销计划，决定了你将从此过上美好生活还是勉强维生，也决定了你的企业将从此功成名就还是倒在残酷的竞争、瞬息万变的市场以及衰退的经济面前。

什么是营销计划？

当你经营着自己的生意，而这份生意又有利可图时，你会享受到作为老板的自由和成就；而一旦你的企业倒闭，你则可能迫于生计而选择一份朝九晚五的工作。在品尝过身为老板的自由之后，这种"降格"的生活对你来说简直是一种折磨。因此，让企业更大、更强、更成功成了你的重要使命。但如果你认为只有不需要营销的成功才是企业真正的成功，那么你的企业或许永远都无法成功。简言之，企业要想成功，必须自我营销——首先确定营销目标，然后拟定一份书面的营销计划。

尽管太多的小企业主认为制订一份营销计划太难、太耗时，效果则太过虚无缥缈，但事实并非如此。营销计划具有巨大价值，它会迫使你思考如何获取利润，并督促你有目的地采取行动。

合理的营销计划包含了如何一步步创建与企业匹配的盈利性业务，它是为你的业务愿景和战略所描绘的成功蓝图，是一个重要的待办事项列表，将你的策略与你需要采取的行动相结合。在营销计划中，你要将特定的任务分配到具体的人身上（即使只有你自己），并规定每个任务的最后完成期限。要制订一份具有真正价值的营销计划，你必须严格、仔细地检查自己的业务，以确保所有目标都指向你的终极愿景。营销计划应该阐明：

- ◆ 你希望你的企业在明年达成什么目标。
- ◆ 如何实现这些目标。
- ◆ 你所需要的资源。
- ◆ 你每月、每周和每日需要完成的具体任务。

没有人能完全确定一项业务前景如何，营销计划则可以系统衡量哪些战略和战术将为你的业务创造美好未来。事实上，对这些战略和战术所能带来的结果掌握得越透彻，你就越有可能获得你想要的结果。此外，营销计划还将帮你排除那些无法带来回报的战略，进而让你集中资源，获取更大的成功。

制订营销计划的好处

营销计划能够帮助你：

- ◆ 确定你的产品或服务是否有市场。
- ◆ 识别最有可能购买你的产品或服务的潜在客户。
- ◆ 揭示你的准客户和潜在客户的需求和欲望。
- ◆ 了解你能够为客户提供的独特优势。
- ◆ 生成更多订单，开发更多潜在客户，提高销售额和利润。
- ◆ 研究并接触你想要进入的新市场。
- ◆ 评估营销效果，查找并修复你的战术和战略中的弱点。

你的营销计划将回答以下典型问题：

- ◆ 我刚开始创业，应该如何营销？
- ◆ 我的业务发展遇到瓶颈，应该如何扩展客户群？
- ◆ 我是否应该在不景气的大环境下增加营销投入？
- ◆ 新竞争对手正在抢夺我的客户，我能做什么？
- ◆ 如何向我目前的客户推销新服务或新产品？
- ◆ 我所属的行业正在发生改变，互联网时代我应该如何提高竞争力？

◆ 外包和价格竞争正在"围剿"我们，我们应该降低价格予以反击吗？

◆ 越来越多的公司为了节省资金而设立内部机构，提供和我们类似的服务，如何让他们雇用我们做一些工作？

回答以上问题，你将更了解公司的业务，以及你自己还需要学习哪些东西。

值得注意的是，我们的目标并不是制订一份完美的营销计划。我看到太多的营销顾问把制订营销计划当成终极目的，却不思考如何去实践。他们花费几个月制订出的"完美营销计划"始终崭新，从未践行。

优秀的营销计划简单且具有灵活性。营销计划应该随业务的发展而变化，其中的营销策略不应该一整年都保持不变。因为当你操作过各种营销活动后，就会自动剔除那些收效甚微的策略。

聪明的营销人员不会一成不变地执行计划。他们会保留营销回报率较高的方案，其他的则重新回炉考虑。如果你计划进行一次全国自驾游，除了语音助手和GPS外你一定会携带一本地图集，但若地图上的某条路线失效了，你也不会直接掉头回家。营销计划就是你的路线图，你要做的是按着路线马上出发。当你对自己的业务有了更深的了解后，你就会灵活地更新自己的计划。

本书将引导你完成12个简单步骤，助你把业绩推向新高峰。你可能需要花一周或更长时间去完成这12个步骤。你可以挑自己喜欢的时间（无论是周末还是任意几天或几个晚上），来规划你的未来之路，为事业绘制成功蓝图。而一旦你来到步骤10——制订计划时，你对大部分计划早已成竹在胸，只需要结合步骤1～9写下结果即可。

假如你对自己的业务和客户还不甚了解，那么你只要"投资"1～2天的时间搜集信息，就能开始制订一份适合你的营销计划了。

本书的使用方法

为了使我们的建议更加具体和清晰,我们将以一家虚构的脊椎按摩营销公司(Chiropractic Marketing Plans Inc.)为例,将营销计划的 12 个步骤走一遍。脊椎按摩营销公司是一家位于洛杉矶的独资企业,成立了 4 年,其所有人是钱德拉·马丁·佩雷斯女士。正如其名称所示,该公司专门为脊椎按摩师撰写营销计划,它希望在下一年将其营业额从 15 万美元提高到 20 万美元。随后,佩雷斯会对自己的营销计划进行年度审查,以确定如何实现这一目标。

接下来,我们用 5 分钟时间快速浏览一遍制订一份营销计划所需的 12 个步骤。每个步骤在书中的不同章节中都会进行详细讲解。

步骤 1:确定愿景。大多数小企业主在一年里总会有那么几天怀疑自己当初为什么要投身现在的行业。每到此时,你都需要利用愿景的力量找回初创时的热血激情。除非你拥有一个清晰的愿景,知道自己想要什么,否则根本没法谈论未来。因此,制订营销计划的第一步就是明确愿景。

步骤 2:锁定市场。此步骤的目的是发现并锁定目标细分市场。

步骤 3:了解理想客户。此步骤将帮助你定义自己的业务,以便将精力和资源用到最有可能取得成功的地方。

步骤 4:认清竞争对手。你不是一个人在做生意,你需要知道客户还有哪些其他选择。此步骤将指导你定义和评估竞争对手。

步骤 5:业务定位。这一步,你将制订能助你实现业务目标的战略。首先,你需要将你的公司植入客户和潜在客户的心中。

步骤 6:构建产品线。为获取新客户所花费的营销费用是你的主要业务成本。而主要利润来自向现有客户销售更多的产品和服务。没有一条完善的产品线和服务线,你等于放飞了一只又一只煮熟的鸭子。

步骤7：评估战术。有了清晰的策略后，你必须评估实施它的最佳工具。策划营销活动通常需要多方向努力，你可以选择3~5种战术。

步骤8：整合线上线下营销。企业需要顺应互联网时代的浪潮，同时，互联网营销人员也需要具备线下推广经验。

步骤9：落实战术。评估你选择的战术是否有效。这意味着你必须有一个"成功"标准。

步骤10：撰写营销计划。在此步骤中，你将汇总步骤1~9中作出的所有决定，制订出完整的计划。

步骤11：执行。成功的营销计划始于认真执行。在此步骤中，你将学会如何策划未来30天的执行方案。

步骤12：检查并排除故障。身处商业世界，每天都有学习的机会，但大多数人都错过了这些机会，因为我们没有去回顾自己的经历。在此步骤中，你将学会如何定期检查工作，以及如何根据计划排除故障，再次出发。

在本书的附录中，你会看到一份营销计划示例，即脊椎按摩营销公司的营销计划制订过程。如果作为企业主你不打算亲自编写计划，那么你将在附录中了解到，如果把这些工作外包出去，你应该期待得到一份怎样的成果。

此外，自本书第一版问世以来，三个新营销渠道正呈爆炸式增长，因此我在第二版中增加了内容营销、移动营销和社交网络营销三部分内容（分别在第13、14、15章）。

拿破仑·希尔说过："先思考，将你的思考组织成观点和计划，然后将这些计划转化为现实。你会发现，一切的起点是你的想象力。"

让我们从想象开始，找到你强大的愿景、使命与核心目标。

第 1 章

给你的营销计划加一份愿景

"如果你不知道要去哪儿,就很难达到目的地";如果你不知道为何要制订营销计划,那就很难获得自己想要的效果。当你在构思一份营销计划时,若能添加一份内心的渴望,那它将发挥不一样的威力。我们给这份渴望赋予了一个通俗的名字:愿景。

你可能是某家公司的营销经理或老板,也可能是个体经营者。身份不同,在策划营销活动时的心态也不同。营销经理只需让上司满意,而企业主则希冀能收获物质与精神上的双重回报。

对营销经理而言,无论是为哪一家企业做营销计划,其目都是策划并执行一次活动,让花费在营销上的每一分钱产生最大的销售额和利润。然而,对亲自上阵做营销的企业主而言,策划过程又多了一个维度:愿景。营销计划不仅要将营销回报最大化,还要为企业主创造理想的生活。我是一名自由撰稿人,每天会花12个小时扑在工作上,产出也相对可观,但我有些同行每天只想工作几个小时。自然,我们的业务量有着云泥之别;为实现自己的目标和愿景,我们的营销方案也有很大差别。

营销经理眼里只有回报,而企业主的眼里除了目标,还有实现理想生活方式的愿景。许多世界级企业都将愿景和使命加入营销方案中。

愿景很重要,你得有

你是否像大多企业主或管理者一样,不知道自己的企业下一步应该何去何从？若果真如此，你需要一幅标志着终极目标的清晰愿景，它阐释了公司的目标、前进方向，以及何时能够实现这些目标。

有了愿景，你就会知道什么是（属于你的）成功，以及如何衡量自己是否取得了成功。为了实现愿景，优秀的营销方案将重新调整你的业务焦距，让你专注到一系列经过精心策划的协作行动上。

你一定听过这句老话："若你不知道要去哪里，就很难到达目的地。"无论是在旅行、生活，还是商业当中，这都是金科玉律。人们总是想"做一门可以大赚一笔的生意"，但他们根本不能定义所谓的"大赚一笔"，也没有一个具体的收入目标。他们也许还想"在商业上取得成功"，但你问他们什么是"商业成功"，他们又哑口无言。

传统意义上的商业成功，指的是收入的增加和企业规模的扩大，例如每年盈利多少，年度销售额是多少，掌管着多少员工、客户和厂房，以及拥有多少净资产。但这些是你想要的成功吗？或者你的价值观和衡量标准另有不同？

成功没有标准答案，你要做的就是找到最想要的答案，然后设计一套营销方案，通过实施这套方案，获得物质和生活上的双重满足。理想的事业必定是既让你心生喜欢，又能让你从中找到价值感和满足感，还能使你和自己关心之人齐心奋进，也福泽你最在乎的那群人。

为了挣得名车豪宅，许多商务人士在白天把精力全都花在了自己可能既不喜欢，也不真正关心的事情上。但真正的幸福感不仅来自于你所获取的工作成果，也来自你享受工作成果时的闲暇。

要获得事业与生活的双丰收，你首先要问自己："在事业上，我是想要成为一个充满智慧、创新、热情的专业团队的一员，还是更喜欢独自安静地写代码或处理财务数据？在生活上，住豪宅、开名车、受到朋友和邻居的羡慕对我很重要吗？我渴望去五星级饭店，加入最豪华的俱乐部吗？又或者，我觉得快乐就是在自家庭院和邻居促膝而谈、分享美食?"如果让你描绘理想中的生活,你会怎样设想,如何构思?花些时间思考这些问题,对你今后在漫漫人生路上的冒险很有益处。

当你描绘自己的理想生活时,是会讲出实实在在的目标,还是只会想到一些空泛的词语?当我这么做时,我的心里也有此一问,因为我从不热衷于自言自语或者写日记。我喜欢给自己制订小目标,通过逐个实现这些小目标,我会不断得到激励。带着满腔热血去做事情,你会发现自己有更强大的创造力,也更容易把事情做到最好。

虽然我理想的生活尚未实现,但在一些重要的方面我已经做出了努力。两年前,我开始通过互联网做生意,获得了六位数的收入,比起单纯做自由撰稿人时有了更多的财务自由。我用这笔收入在新泽西州西北部美丽的湖畔买了一套带码头的别墅,朝生活在水上行宫的目标跨出了一大步。我个人对成功的定义是,每天可以做自己想做的事且回报颇丰,而其中的关键是确定理想的生活方式,并且使自己过上那种生活,或者尽可能接近它。这就包括你以何为生,并怎样度过闲暇时光。

你想做什么?给自己最热烈的理由

在《反直觉营销》(Counterintuitive Marketing)一书中,作者凯文·克兰西(Kevin Clancy)和彼得·克雷格(Peter Krieg)将愿景定义为"梦",并写道:"有力的愿景向外展望,并体现了结局。"也就是说,愿景为我们所做的事情提供了发自内心的最热烈的理由。

愿景是你在精神上"最宏大的图景",它阐明了你的目标,并展示了你的人生在你的努力下将要呈现的样子。在明确愿景并着手实现的过程中,你会产生越来越强烈的目标感。如果这种目标感没有出现,那么就证明你的愿景不够生动,或者你对它的表达还不够清楚,实现它的愿望不够热烈。我们先来简要分析一下,如何确定一个强有力的愿景:

- 莎士比亚说："梦是一切可能的起源。"问问自己:"若我可以任意发展自己所专注的事业,那将会是怎样一幅景象?我想象中的事业是什么样的?为何我会对它如此着迷?"尽可能详细地回答这些问题,并把答案写下。

- 让你的想象力肆意游走,描述所想到的一切。在脑海中勾勒一幅自己功成名就的画面,越生动越好。把你所见到的人,围绕在身边的声响和气味,以及你在那一瞬间体会到的感情都描述出来。你会用到哪些词汇?你是靠自己取得成功的吗?如果不是,把你的团队也描述出来。他们是如何为当地社区或整个社会作出贡献的?你们的成功能否解决或改善所处行业或群体的某些特定问题?

- 深入探究自我,获取对自我价值更准确的认识,也就是明确你的核心价值观。愿景不仅需要起到激励的作用,还应该能够让你走出舒适区,而且最重要的是,要符合你的核心价值观。

- 和每一个参与你事业发展的伙伴分享你的愿景,引起他们的兴趣,激发他们的责任感。让你的个人愿景成为"大家的共同目标"。

- 此外,你要意识到你的愿景并不是一成不变的,它会随着你事业的发展而变化。

为何明确的愿景对小型企业主或个体经营者而言如此重要?因为它将让你更清楚地意识到,要想开拓事业,需要具备怎样的雄心壮志,以及创造何种成就。

在潜意识中,你对愿景的感受越鲜明,就越能执着于梦想。韦氏词典把梦想定义为"使人感到充分自我满足的事情"。那么,你的愿景能够充分满足你的梦想吗？当有一天，你因事业陷入泥沼而灰心丧气时，只有一如既往对愿景的执着才能让你重振旗鼓。以下是一些企业或组织对外宣传的愿景。

微软（初始版）：每家每户的每张桌面上都有一台个人电脑。

易趣：提供一个全球交易平台，任何人都可以在这里进行一切商业交易。

北角教会：创立一个非信徒专属的教会。

加拿大癌症协会：创造一个加拿大人无惧癌症的世界。

亚马逊：成为世界最大的以客户为中心的企业，人们可以从这里找到和发现他们希望在线购买的任何商品。

EABS银行：（做）每一个肯尼亚人的银行账户。

密尔沃基公共图书馆：（为）任何人（打开）通向知识世界的大门。我们提供最好的图书馆服务，带领着密尔沃基人在对知识、乐事的不倦追求与终身学习中，达到充实人生和丰富社区的统一。

落日剧院：（成为）社区专业剧院的杰出代表，以及高水准艺术的所在；是传统的传承发展，更是大胆创新。

保龄球公司：更多人，更多运动，更多欢乐。

美国红十字会：在非营利组织管理与人类服务提供方面，领先于全球的优秀行业基准。

可视化后的愿景，更能激励人

如果你仍有疑问，不妨尝试制作一个"愿景板"。收集大约十几本你觉得撕掉也不可惜的杂志，然后花半个小时一本一本地浏览，找出其中能引起你共鸣的图片和文字。不要想太多，把找到的撕下来放到一边。（如果你不想走这种复古路线，也可以用兴趣钉板。）请记住，我们的潜意识处理的是图像，所以你所做的一切就是收集那些自然而然进入你的大脑，让它以固有的问题解决流程处理的东西。

做这个练习的目的在于将我们关于商业的一切想法可视化，包括它能带来的生活方式和我们希望服务的客户。如果对你而言开得起一辆豪车是很重要的事情，那就从杂志里找一张你想拥有的汽车的图片，放到你的愿景板上。

畅销书作家萨姆·辛克莱·贝克（Sam Sinclair Baker）正是用这一方法将他希望吸引的读者可视化的：他先是从杂志上找到几张他认为能够代表目标读者的图片，然后把他们叠在一起，粘在他的个人电脑的屏幕边缘。这样，他就可以看着这些"读者"进行创作，更好地模拟与他们的对话。贝克后来也确实以"对话式"写作风格而闻名。

现在到了你动手实施的时候了。取一块白板，拿起那些带给你最强烈共鸣的图片，把它们一一固定在白板上。调整图片的顺序，直到它们给你一种"理应如此"的感觉。当这种感觉到来时，你就等于把图片放到了自己心中正确的位置上。

现在，后退一步，仔细审视愿景板的全貌。在欣赏你的"杰作"的过程中，记录下你脑子里出现的任何想法和感情。你会发现，有一些词会反复出现，把这些词写进你的愿景中。

你无须把愿景刻在石头上，但最好把愿景板贴在一个你每天都能看到的地方，加深印象、适时调整。当你的某些愿望或目标改变时，更新你的愿景板。如果实践愿景板上的目标能让你向理想迈进，那就抓紧行动吧；但如果它对你没有太大的激励作用，我建议你最好还是重做一块。愿景可以应用于多种类型的决策中，比如你想开发什么样的客户；发展何种人际关系；你希望参与哪些组织、会议、研讨会或训练营；你考虑增添何种新服务；你可能阅读的商业书籍、参与的课程、获取的学位或证书，以及你想发展的新的技能……事实上，愿景可以应用于商业行为的任何方面。

独特销售卖点

1961年，罗瑟·里夫斯（Rosser Reeves）在其出版的经典书籍《实用广告学》（*Reality in Advertising*）中，首次阐述了独特销售卖点（Unique Selling Proposition，简称USP）这一概念。如今这本书早已绝版，因此很多商业人士都不了解USP的初始定义。正因如此，USP理论在他们的实际工作中无法发挥应有的作用。

里夫斯认为，USP理论由三部分组成。

1. 每一条广告需向消费者明确一个卖点，即向潜在客户群说明够买这件产品或服务后将得到怎样具体的利益。广告卖点必须包含向消费者作出"会得到利益"这一承诺。

2. 该卖点必须独一无二，它应该是竞争对手没有想到也无法提出的。仅提供利益还不够，你也要将自己的产品贴上个性化标签。

3. 该卖点必须足以影响上百万的社会大众（也就是能吸引新客户来购买商品）。微不足道的差异化是没有意义的。对消费者而言，具有明显特色的产品或服务才有吸引力。

为什么那么多小企业在苦苦挣扎？为什么那么多广告都遭遇了失败？原因之一正是营销人员没有为他们的产品提炼出强有力的USP，更没有据此制作广告。提炼USP并不困难，但很多人不愿意动脑。当你没有提炼出USP就贸然开始广告创作时，市场对你而言就是难以进入并获取的。你的广告中没有任何让消费者觉得必须给出回应的信息,它看起来(或听起来)就像是在对"别人"说话,跟"我"没有关系。

通常,大企业会花费数百万甚至数十亿美元去建立品牌,凸显巨大的差异性。例如,许多汽水生产商都可以生产出可乐,但受消费者认可的可口可乐只有一家;半导体行业巨头英特尔公司在投入巨额营销资金后,也获取了与可口可乐相似的品牌优势。

与国际品牌不同,小企业在进行品牌建设时,迫切需要从营销活动中得到及时有效的回报。所以,找到你的USP也就成了关键中的关键。比如,M&M巧克力豆的广告语是"只溶在口,不溶在手"。一旦M&M将"不脏手"作为它的独特销售卖点,竞争对手能怎么做呢?刊登一条"我们的巧克力豆也只溶于口,不溶于手"的广告吗?

作为小企业,广告营销带来的净收入必须高于它的成本。里夫斯相信,所有广告都应实现这样的目的。他将广告定义为:以尽可能低的费用,将USP展现给尽可能多的人群。而我会把它改成:以尽可能低的广告费用,将USP展现给最可能购买产品的消费者。

开始……写下你的愿景

现在,请陈述你的愿景。不要担心愿景被规划得过于完美,重要的是开始和自己对话,思考你毕生打算从事的职业。无论你是刚入行,还是在这个圈子里摸爬滚打多年,现在开始重新想象并规划它。

想象你未来3～5年的工作,并回答下面的问题。

1. 你提供什么样的服务?你销售什么样的产品?

2. 你为谁服务?(是什么类型的客户?如果在你脑海中有特定的客户类型,请把他们一一列举出来。)

3. 你会在哪里办公？家里还是办公室？请详细描述一下。

4. 想象你已经看到自己在工作了。你正在做什么样的工作？你是公司老板还是普通员工？当你需要处理公司事务时，是直接动手还是请别人来做？想象一下令你愉悦的生活是什么样的？

5. 你自己和你的公司分别大概能赚多少钱？（数目应该是不一样的。）

6. 你雇用员工了吗？如果有，大概有多少人？他们分别担任什么职务？他们可以给公司创造什么样的价值？他们拥有什么样的教育经历和技能？具体一些。

7. 当你打算卖了这家公司或者交给亲戚打理时，它会以什么样的面貌存在？

8. 你的公司为什么能从同行中脱颖而出，做到出类拔萃？你凭借什么优势使大家都认识你？你的USP又是什么？

9. 你对这家公司抱有什么样的期待？这家公司给你带来了什么样的精神鼓舞？

10. 用4或5个词语向别人形容你的公司。当你的客户形容你的公司时，你觉得他们会用什么样的词语？

现在，请搜寻你所能想到的最能激励自己的词语。它们应该与你的产品、目标客户和目标市场有关。把这些词语写到纸上，让它们成为你愿景的一部分吧！

第 2 章

利基市场才是你的"舞台"

在同一个市场里,势单力薄的小企业想从财大气粗的大企业嘴里分得一块肉,简直是难上加难。但仍有小企业能蓬勃发展,它们主动出击,抓住了大企业忽略的市场——利基市场。利基市场真的是小企业的"福地"吗?我们该如何鉴别它呢?

既然你已决定一展身手,现在是时候告诉别人你身处的领域或行业了。这意味着你要准确定位自己的主要产品或服务。提高电梯演讲的水平,是你要做的第一件事。

在30秒内做好电梯演讲的三个步骤

电梯演讲是指用30秒钟时间解释"你是做什么的"。在非正式场合,陌生人总会问这个问题。他们可能没时间看你的PPT,听你的冗长报告,所以你的回答必须简明扼要。为什么回答好"你是做什么的"很重要?因为你永远不知道对方会不会成为潜在客户,或为你和潜在客户牵线搭桥。不幸的是,很多人的电梯演讲并不出彩,他们对自己工作内容的描述无聊乏味。比如,在一次聚会上,有个人跟我说她是一名出色的理财师,然后便谈论起她20多年的工作经验。但这和我有什么关系呢?如果她真想吸引我的注意力,真应该向保罗·卡拉斯科请教一下。

保罗·卡拉斯科是我的朋友,也是一位销售培训师,他创造的"三步走"公式可以快速构建一段完美的电梯演讲,进而将你的产品或服务的价值被清晰、有趣地表达出来。"三步走"公式具体是指：

第一步，问对方一个"你知道xxx吗？"式的问题。这个问题要表明你的产品或服务所能解决的问题。对一名理财师而言，她在工作中经常会碰到一些分居、离婚或丧偶的中年女性，她们可能需要重新踏入职场。理财师可以这么问对方："有一些刚离婚或者再入职场的女性，之前在经济上都是依靠另一半，你知道当她们需要独当一面的时候有多崩溃吗？"

第二步，说一句以"我做xxx或我们做xxx"式的陈述句，然后清楚描述你所提供的服务。接着以理财师举例，她可以说："我们做的，就是帮助这些女性学会理财，并实现她们的投资目标。"

第三步，以"因此"作为句子的开头，表明你产品或服务能带来的益处从而凸显它的价值。整个过程如下："有一些刚离婚或者再入职场的女性，之前在经济上都是依靠另一半，你知道当她们需要独当一面的时候有多崩溃吗？我们做的，就是帮助这些女性学会理财，并实现她们的投资目标。因此，她们将有足够的收入，有享受舒适生活的资本和能力。"

现在，你可以使用"三步走"公式构建自己的电梯演讲了。

不用面面俱到，做好一点足矣

如今，企业主更想要雇用专才而非通才。如果你想了解自己会成为哪一种专才，试着回答以下问题。

◆ 我喜欢做什么？

- ◆ 我对什么感兴趣？
- ◆ 我擅长什么？
- ◆ 我在哪方面有天赋？
- ◆ 我受过怎样的教育？
- ◆ 我有什么学识？
- ◆ 我有什么经验？
- ◆ 我做过什么？
- ◆ 在众多领域中，哪一领域的竞争最不激烈？
- ◆ 在众多领域中，哪一领域的报酬高？

回答以上问题将有助于你进行自我定位，了解自己可以提供的专业技能。除此之外，你可以先从一个大方向做起，半年（或一年）后再看看工作的完成情况和面对的客户群。比如，我有一个摄影师朋友，他最初也没找准自己的定位，不过一年后他在自己的作品集中发现自己拍了不少工业照片。从那一刻开始，他就确定了自己的专攻领域。在后来拜访制造产业中的潜在客户时，他能展示出许多令人惊艳的照片。

可是，我们不能同时做几份工作吗？作家丹·波因特（Dan Pounter）表示，其实我们有3～4个工作选择就足够了。他对自己的工作选择分别是：跳伞、自由出版、公证员和照顾老猫。当你面临的工作选择过多时，精力就会被过度分散。没有人可以做到面面俱到，所以我建议大家：选择三个市场方向，再抓住一个外界提供的（而非自主选择）机会。你的愿景也许是帮助本市所有深受背痛折磨的人减轻痛苦。那你是要开一家按摩中心，还是教授关于缓解背痛的课程？抑或发明一款"背背佳"？无论如何，你得明确自己的具体业务。

那么，谁会购买你的产品？谁会参加你提供的课程？你也许会说谁都可以，但我劝你还是三思。除非你的产品是钞票，否则你就得确定具体的客户群。为了公司的发展,你要弄清楚目标客户的需求和产品的竞争优势。一些小公司之所以能蓬勃发展,是因为它们主动出击,抓住了大公司忽略的市场,即利基市场[①](Niche Market)。

你所锁定的利基市场反映了你提供的服务、服务的客户群,以及客户群的需求。假如有一家名为脊椎按摩营销公司(简称CMP)的企业,它着眼于以下利基市场:"为本州的脊椎按摩师制订特别的营销计划,使他们懂得如何将自身技能及资源集中到最有可能帮助自己实现经营目标的客户身上。"

为什么找到利基市场比做到面面俱到更重要?因为消费者有很多选择。当大量生产商提供相似的产品时,消费者就掌握了支配权。对于消费者而言这是一件好事,但对你来说就不是了。另外,互联网普及后,货比三家更方便了。而一些大公司可以将产品生产外包给印度等劳动密集型国家,从而降低生产成本,进而降低售价,这是一些美国本土商品无法赶超的优势。除了有形产品,Elance、Fiver等服务外包平台,也进一步压低了写作、平面设计、配音等工作的酬劳。

靠价格战来打造产品的竞争力,并不是一个明智的选择,因为你要不断让出利润。你需要做的是提供尚未普及的产品或服务(有点难度),或为某个特定市场提供常规产品或服务。

专注于更小的市场——"微"利基

为何打开一个利基市场如此重要?答案在于:

◆ 更容易进行专业化经营。

---

① 也译作小众市场,泛指那些被市场中的统治者或者有绝对优势的企业忽略、放弃的某些细分市场。——译者注

- ◆ 面临的竞争强度更低。
- ◆ 可以巩固优势。
- ◆ 更容易在该领域受到认可。
- ◆ 为客户提供特定服务，客户忠诚度更高。

大型企业拥有丰富的资源，它们会忽视回报率较低的利基市场。一个总体价值 1 000 万美元的市场，在他们看来根本不值得投入，在你眼中却是大金矿。若你一旦决定进军哪一利基市场，就不应再把资源浪费在非目标客户身上。

你的利基市场可能瞄准普通消费者、非营利性机构、同质群体（即有共同兴趣的消费群体）或者政府。无论是哪一个，优质的利基市场都具备以下特质：

- ◆ 容易定义和接近。
- ◆ 有接触潜在客户的渠道。
- ◆ 消费者的购买力较强。
- ◆ 为大多数同行所忽视。
- ◆ 你能满足消费者的某项需求，同时还具有明显优势。
- ◆ 消费者对你的服务非常青睐。

比如说，若你想以广告承包人的身份赚钱，以较少的资金开一家小广告公司是最明智的做法。过去几十年里，许多有营销头脑的广告人都是这样做的，其中不乏收获了大量财富的人。但值得注意的是，如今有太多的小广告公司在不具备明显优势的情况下去竞争同一批客户。当一家广告公司与另一家公司竞争时，通常会宣称自己更有创意，自己的广告会获得更好的效果。然而，它们很少能证明"更好的效果"是什么。

同时，"更有创意"也完全是一种毫无说服力的主观判断。更糟糕的是，因为每家小广告公司用的都是同一种说辞，所以在销售服务时完全没有优势可言。

随着广告业的发展，专业的广告公司开始涌现，有的只为医疗行业服务，有的只关注高科技行业。一段时间以来，这种明确的市场分工让很多垂直领域的广告公司确定了自身强大的竞争地位。若你是一名医疗设备制造商，在其他条件都一样的情况下，你是选普通的广告公司，还是选在医疗设备方面有丰富资源和成功经验的广告公司？

但新问题马上又来了，当你在一个有利可图的利基市场里取得成功，竞争对手也会蜂拥而至。解决这一问题的方法之一就是寻找"微利基"。即在现有的市场中，深耕更小的市场。所谓利基营销或市场专业化，就是根据相似的购买习惯或地理区域划分市场。这意味着你要关注一群客户，他们用类似方式购买类似的服务以满足自身类似的需求。比如，为了在医疗结算服务行业崭露头角，你可以这样锁定"微利基"市场：

- ◆ 医生是一个庞大的市场。
- ◆ 儿科医生是一个利基市场。
- ◆ 加利福尼亚南部的儿科医生是一个更小的利基市场。
- ◆ 洛杉矶的儿科医生是一个更集中的利基市场。

通过搜集位于洛杉矶的儿科医生的联系方式、工作范围、所属医院、保险情况等信息，你可以进一步明确自己的目标客户。

再举一个例子，你的业务是帮助有小孩的女性开始自己的事业，便可以这样锁定"微利基"市场：

- ◆ 18～35岁有孩子的女性是一个庞大的市场。

- 18～35岁有6岁以下小孩的女性是一个利基市场。
- 18～35岁有6岁以下小孩且年收入超过5万美元的女性是一个更集中的利基市场。

根据你能为潜在客户提供的服务，来确定你的"微利基"市场。

打算进入一个利基市场？先问问自己……

什么样的商机是好商机？一般而言，好的商机与你的愿景和价值观相辅相成。它能使你的知识、能力、激情与某个特点群体的需求或欲望相匹配。好的商机能帮你回答"我公司存在的理由是什么"。问问自己："我真正喜欢做的是什么？怎么样才能做好？"假如某些事业并不能让你乐在其中，你便没有任何理由继续坚持。接下来，请在脑海里构思一下，你希望自己的公司如何发展？现在，请开始探索，找寻出适合你的商机。下面几个问题可以帮你缩小范围。

- 我在某一个领域有专长吗？
- 我有特定的教育背景和知识吗？
- 我的职业经历是怎样的？
- 我对什么感兴趣？
- 我的天赋是什么？
- 我喜欢做什么和学什么？
- 和我一起工作的人有哪些普遍问题？从哪些事情中表现出来？我能创造哪些他人无法创造的专业价值？
- 假如别人能很好地阐述他们最普遍的问题，还有什么机会是他们有而别人看起来没有的呢？

互联网的存在为我们寻找商机提供了许多便利。如果你想要人们对你的产品或服务产生兴趣，就要善用互联网。也许你会用到关键词筛选工具，比如谷歌关键词分析或者WordTracker，它们能搜索出所有与你输入的关键词有关的结果。假如你真的对寻找商机毫无头绪，可以在搜索引擎上逐次输入"学习""教学""指导""如何""教程""想要""购买""采购"和"问题"，其结果会让你了解许多人的消费动机和学习需求。

类似www.meetup.com等网站会按类型、受欢迎程度和上升速度列出不同的线下聚会信息。你可以去参加这些聚会，寻找和你有共同兴趣的朋友，并尝试成为其中的一员。很多聚会都是免费的，或只需很少的费用便能参与。

许多线上交流社群也会不定期举行见面会。经常关注其中较为活跃的群组，能让你获取更多有益的信息。当然，当你参与这些群组的活动时也要谈谈个人见闻，聊聊你在商机中遇到的挑战。

另外，你要注意观察效益良好的利基业务和利基市场，是否存在和它们类似的业务或市场？如果有，你可以先进入一个类似利基市场，然后模仿别人的经营模式。如果那些经营模式已经取得了不错的效果，当它们被你改进后，也会对你产生不小的积极作用。

对你而言，某一市场之所以是利基市场，必然是因为它能让你盈利。你需要知道，如果一个市场已经挤满太多竞争对手，那么想占有一席之地便难如登天，除非你拥有被潜在客户视若珍宝的独特竞争优势。所以，在进入一个市场前，你必须明确其中是否有潜在的盈利空间。根据自己的能力和愿景，从众多市场中挑出一个对你而言最有吸引力、又能盈利的利基市场。当你打算进入一个利基市场时，请问问自己：

◆ 这个市场的规模有多大？

- ◆ 消费者是否愿意为我提供的产品或服务埋单？
- ◆ 我能帮助消费者解决的最大问题是什么？
- ◆ 消费者的问题是迫切需要解决的吗？
- ◆ 这个市场的潜力有多大？销售额能达到你的财务目标吗？
- ◆ 这个市场或产业的发展趋势如何？是朝阳产业还是夕阳产业？在未来几年内，你能否在这个利基市场里取得成功？又或者，虽然这个市场存在时间不会很长，但有盈利趋势？
- ◆ 要在这个市场取得成功，需要具备哪些关键技能？你能掌握这些关键技能吗？
- ◆ 这个市场处于成长期、成熟期，还是衰退期？
- ◆ 是否存在会削弱市场需求的趋势或技术？

作为脊椎按摩营销公司的总裁，佩雷斯在开始她的事业之前，确定的愿景是提升卫生保健专家的营销水平。围绕该目标，她能够触及的市场多达几十万个。佩雷斯十分清楚，只有将时间和资源投放在一定的市场范围内，才能获得最大化的回报。以下是她为了选择利基市场而制作的表格。

表 2.1　医疗保健市场一览表

利基市场	数量	工资总额
医疗保健机构	746 000	5 900 亿美元
加利福尼亚州的医疗保健机构	104 640	947.7 亿美元
洛杉矶县的医疗保健机构	26 853	175 亿美元
洛杉矶县的脊椎按摩业务机构（NAICS 编码 621310）	1 091	7 400 万美元

（续表）

洛杉矶县的小型脊椎按摩业务机构（1～4人办公室）	882	约5 900万美元
距自己办公室十英里内的脊椎按摩业务机构	169	无数据
距自己办公室十英里内的小型脊椎按摩业务机构（1～4人办公室）	143	约900万美元

来源：American FactFinder，2013年县域业务（NAICS）

如上表，你可以像佩雷斯那样细化自己选定的利基市场。佩雷斯选择在前4年内为距离她办公室10英里① 范围的小型脊椎按摩业务机构服务。即使这个市场中的客户不到150家，可她的盈利任务仍能超额完成。

现在，是时候确定你自己的利基市场了。

行动……描述你选定的利基市场

为你的利基市场写一个简单说明，下面的格式可供参考。

我（我们）为 ＿＿＿＿＿＿（描述你所服务的人群）提供＿＿＿＿＿＿＿＿＿＿（描述你提供的服务），这样他们就能＿＿＿＿＿＿＿＿＿（描述目标人群希望得到的结果）。

描述你选定的利基市场：＿＿＿＿＿＿＿＿＿＿

---

① 1英里=1609.344米。——译者注

第 3 章

别说自己了解潜在客户

也许你对自己的产品和市场了如指掌,但这并不意味着你就能开始构思自己的营销计划了。你还得了解自己的客户。你需要哪一类客户?他们有购买实力吗?有购买决策权吗?他们真的很需要你的产品吗?你的产品真的能帮他解决问题吗?……

在上一章节，你学会了寻找最有前景、最有利可图的市场。但对于目标客户，你又了解多少？如果想成为成功的企业家，你的首要任务就必须比自己的竞争对手更好地满足目标客户的需求。

你越是明白市场需求，也就越容易与潜在客户迅速建立强大的联系。潜在客户是指通过某种行为，比如订阅贵公司的时事通讯或索要产品目录来表明购买意向但实际尚未购买的客户。你可以用产品推广、媒介宣传等方式寻找潜在客户。然而，他们之前并不知道贵公司的存在。我们可以把这些在广阔市场中的所有客户称之为"嫌疑人"。

假设你是一名擅长缓解患者背部疼痛的脊椎按摩师，在不清楚小镇上谁背部疼痛的情况下，每一位居民都可能是你的潜在客户。你该如何寻找"嫌疑人"呢？

现在，你在当地的一本周刊上刊登了一则广告：周二晚上有一个主题为"如何缓解背部疼痛"免费专题讲座，欢迎参与！那么，当天晚上可能有两类人会参加讲座：一类人是自己背部有隐疾，另一类是自己的亲朋好友背部疼痛。因此，你成功走出了市场营销的第一步：在众多"嫌疑人"中找出潜在客户。

客户是指从你手中购买产品的人。有些商业写手把客户分为两类：一类是使用者，只是购买产品但并不热爱产品，被称为冲动型消费者；另一类是经过认真考虑，权衡利弊后才购买产品的客户，被称为谨慎型消费者。后一种客户，我们又把他们称之为"粉丝客户"，因为他们不仅对产品或服务赞许有加，甚至会主动推荐其他人购买。图3.1的金字塔阐明了客户之间的层级区别。

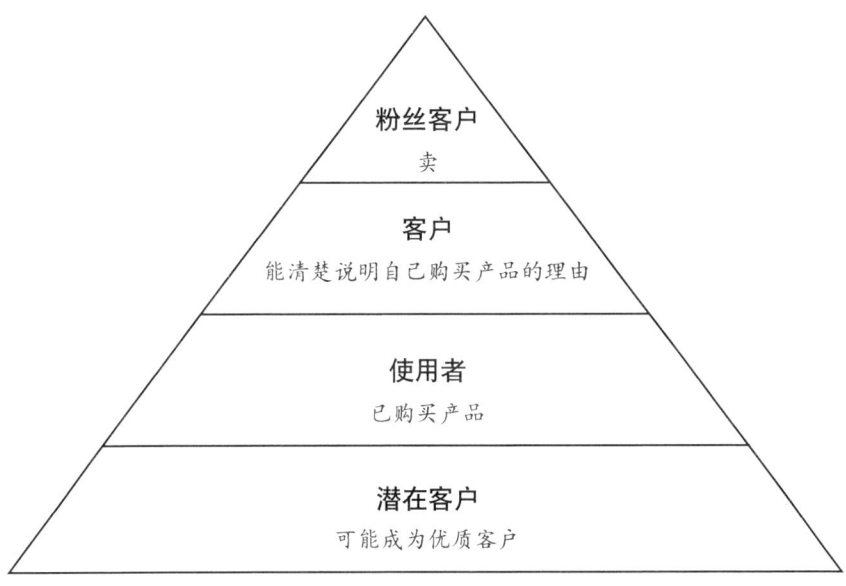

图 3.1　客户金字塔

用"MAD FU"公式"审查"客户

是什么导致企业家、高管、销售人员及专家们茫然地跟在不想购买产品的人身后，并在判断这个人是否有购买意愿时有巨大的挫败感？最大的原因就是他们无法准确分辨这些人究竟是出于购买意愿而询问产品价格，还是随便问问。那么，怎样才可以迅速并准确地判断某人是否是你的目标客户呢？我的"MAD FU"公式可以帮上你的忙。

此"MAD FU"公式，跟狂怒（mad）及任何以 F 开头的单词无关，它代表着五个能区分目标客户与非目标客户的要素：购买力（Money）、购买决策权（Authority）、客户需求（Desire）、适用性（Fit）及需求紧迫性（Urgency）。

该公式指出，要想准确锁定你的目标客户，你需要问他们一些问题。这些问题可以识别：他们是否有购买力和购买决策权，是否渴望拥有这个产品，还有，你的产品是否适合他们以及他们是否真的急需得到它？

现在，让我们看看如何快速评估这五个要素。

第一，购买力。想知道潜在客户是否具有购买力，最简单的方法就是问："你有预算吗？"没有预算，他们怎么可能买你的产品或服务。若他们回答有预算，你就接着问："方便告诉我预算有多少吗？"他们的回答会让你心中有所判断。

第二，购买决策权。想知道潜在客户能否下订单？你可以问对方："请问你们公司谁负责下订单？"

第三，客户需求。潜在客户对你的产品的需求有多大？你的产品能帮助他们解决什么问题（例如，降低能源费用、减少库存、控制成本等）？你可以通过你们的对话内容及对方说话的语气和肢体语言，猜测其需求。最佳目标客户对你的产品有着强烈的渴望，而你需要做的就是把他们的渴望引出来，并帮助其实现。

第四，适用性。你的产品适合客户吗？你们之间能愉快地沟通吗？你的产品能很好地满足其需求吗？还是竞争对手的产品更适合他们？

第五个同时也是最后一个要素：需求紧迫性。客户想要什么时候开始使用产品或者享受服务？客户的需求越急迫，交易越容易成交。但若客户不急着入手产品，那你有可能会用几个月甚至几年追着她下订单。

请记住，当你的营销部门得到一个潜在客户的询盘电话或邮件时先别激动，而是马上评估其"MAD FU"五大要素。针对"MAD FU"

五大要素的问题所得到的肯定答案越多，这笔交易越容易谈成。

> **关于目标市场你需要了解的七大问题**
>
> ◆ 客户的收入是多少？
> ◆ 客户都住在哪里？
> ◆ 客户是男性还是女性？
> ◆ 客户的年龄是多少？
> ◆ 客户的受教育程度是多少？
> ◆ 客户做的是什么工作？
> ◆ 客户的外在形象看起来怎么样？

来源：《泰龙资讯》5月15日，第三版

你要关心的是新近度、频率和消费金额

创建自己的客户列表或数据库是你面临的营销任务之一，数据库可以存储所有客户（包括当前客户和潜在客户）的基本信息：姓名、详细住址、电话号码和电子邮件地址。客户信息越详细，你的数据库就能成为越高效的营销工具。假设你出售调味品，在数据库中，你可以记录每位客户购买的调味品类型（辣酱、番茄酱等）、购买的金额和日期。当你新进了一批辣酱时，就可以给过去24个月里购买过辣酱的客户发去一张明信片。为什么不是所有客户呢？毕竟，之前没有购买过的人未来可能也会买辣酱。问题的答案包含在一条被称为"RFM"的直复营销（direct-response marketing）原则中。RFM指的是新近度（recency）、频率（frequency）和消费金额（monetary）。

RFM中的"R"指客户的购买行为发生在最近。根据RFM，那些最近购买过商品的人最有可能再次购买。你值得花钱购买邮寄名单，因为名单上的客户购买过类似产品。"F"指客户购买商品的频率。客户的购买频率越高，对额外优惠的反应越灵敏。这就是为什么有些邮件列表为已经购买了不止一次的客户提供了名为"多次购买"的分类。不可否认，多次购买的客户的表现的确优于一次性买家。"M"指客户的消费金额或他们的平均订单金额。在这里，你需要找到平均订单金额与产品价格在同一范围内的客户。

举一个例子，假如你正在卖一个名为《克服不孕症：如何在多次备孕失败后怀上宝宝》的视频，其价格为79美元，而你想把它卖给一群花12美元订阅不孕杂志的人。但他们并未回复你的邮件，这是为何呢？

虽然邮件列表里的这群人表明自己对治疗不孕感兴趣并且愿意通过邮件的方式购买相关产品，但这并不意味着他们愿意花79美元购买你的视频，若你出的价格也是12美元，也许他们愿意。该如何解决呢？去找一些参加过相关研讨会的人，或者通过邮件联系一些以50美元（或100美元）购买过相关测试工具的人。

客户的消费金额和消费频率对你的判断起到很大的作用，但是近期购买原则却是违背常理的。我第一次接触直复营销是在纽约大学的一堂邮件文案课上，这门课由著名的文案策划师米特·皮尔斯（Milt Pierce）开设。一天，有同学问道："皮尔斯教授，为什么我向慈善机构捐款后，他们又马上发邮件呼吁我捐更多的钱呢？"米特回答道："因为他们根据以往的经验得知，最近一次捐款的人最可能再次捐款。"

那名学生继续说："但是如果我之前向慈善机构捐了钱，我一般过段时间才会捐款。他们反过来叫我再次捐款的话可能会惹怒我。"

米特回答说："尽管如此，但经验表明，刚刚给予的人也是最有可能再次给予的人。"他解释道，这种现象叫做近期购买，它经常出现在商业性和非营利性的交易之中，是 RFM 公式中的一部分。

你需要创建一个数据库来管理客户关系和记录客户（消费）行为。你可以雇一名程序员编写特定的数据管理程序，也可以从市面上已有的众多程序中挑选一个。在该程序中，你至少需要记录客户的以下信息。

- 姓名
- 地址
- 电话号码
- 电子邮箱
- 性别
- 生日
- 最近一次消费时间
- 购买过哪些商品
- 消费频率（多久购买一次）
- 消费额度（平均消费额度）
- 订单或资讯的获取渠道：网站、邮件、平面广告和公告牌等
- 咨询或付款方式：电话咨询、邮件咨询、paypal 支付、信用卡支付

你的数据可以用单独的数据管理程序加以管理，也可以利用集成式的在线付费软件系统进行存储管理。如果你采用订阅式网页版应用，例如 shoppingcart.com，那么你只能按月付费使用且不能完全自主拥有。因此，从理论上来说若该公司明天停业（虽然不大可能），那么你的所有的数据将全部丢失。

选择好了数据库程序以后，就可以将你了解到的信息录入数据库里面。默里·拉斐尔曾经创建了一个把众多潜在买家分成不同等级的"忠诚阶梯"系统（详见图3.2）。让我们先看看"嫌疑人"。"嫌疑人"指任何会购买你产品的人，这群人数量庞大，并不适于放入数据库中。往上一个等级就是"潜在客户"。他们通过了"MAD FU"测试、有极大的潜力购买你的产品。

一旦潜在客户购买了你的任何产品，他就可以沿着阶梯向上升到"消费者"的层级。消费者指现在或将来可能要买产品的人，他们对你的产品有一定的好感，但是还没有达到像狂热粉丝一样的程度。"消费者"再往上一层就是"客户"。客户不只是买产品，还忠诚于对你的产品。在阶梯的最上端的是"粉丝客户"，他们不仅喜爱你和你公司产品的客户，还尽其所能地为你做宣传。

这个忠诚度阶梯想要表达的一点是：越上方的阶梯就越能为你的销售额做出更大的贡献。

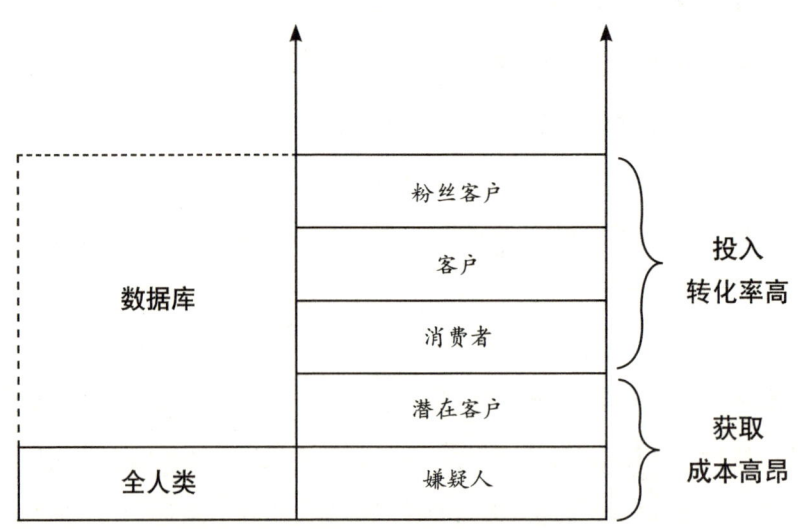

图 3.2　忠诚度阶梯

利用数据建模高效锁定潜在客户

借助数据建模，你可以创建理想的潜在客户和现有客户模型，并从整个可用数据库中挑选出类似的潜在客户。这样既能节省成本，还能提高效率。

数据建模的第一步就是获取客户（已经被开发的潜在客户）的基本信息，同时添加与他们有关的商务信息。正如用户信息统计就是关于消费者（比如年龄方面）的一段数据，公司信息统计就是关于商业用户（比如雇员人数）的一个数据分析。你可以在B2B客户主数据库中运行"house file"程序添加商业客户信息。详询网址：www.reachmarketing.com/b2b-prospecting-database。一些可以添加到你的"house file"程序的公司信息包括——

- ◆ 员工总数
- ◆ 相关职位
- ◆ 公司收益
- ◆ 创始年份
- ◆ 相关产业
- ◆ 经营规模
- ◆ 联系方式
- ◆ 公司性质
- ◆ 是否上市

第二步就是分析"house file"中的每个要素并定位你的最佳客户，然后把目标放在符合公司要求的潜在资源上。假设你销售工业设备，发现自己的最佳客户都至少有100名员工，或是收入高达5 000万美元。

你就可以把具备这些条件的客户从美国商业数据库中抽出来作为备用。

数据建模让你避免把金钱浪费在别人不感兴趣的市场营销上。你也可以通过直邮、电子邮件或电话销售的形式，开发那些最符合你需求的潜在客户。从你这里购买的客户类型会随时间而改变，为了保证数据的持续准确性，数据模型必须每12～18天更新一次。

捕捉客户"核心购买情结"：利益、渴望、感觉

为了更好地了解客户的消费心理，大多数公司通常都会为市场调查投入一笔不菲的资金。市场调查方式包括发邮件、网上问卷、电话访问，以及专业小组调查（见表3.1）。

表3.1 主要市场调查方式

类型	使用及利益
电话调查	调查可推及的样本，以了解消费者目前的态度。
邮件调查	接受大量数据的回复同时维持成本调查可推及的样本。如果邮件回复超过50封，则表示公司主要通过广告样品或实际样品来估量客户对产品的兴趣。
线上调查	有益于调查你自己想要的客户和潜在客户，且相对迅速及廉价。我使用 www.surveymonkey.com。
追踪研究	长时间的态度和意识调查。提供符合潮流趋势的内容，能在邮件或手机上完成。
电子邮件调查	在注重速度时使用。
专业小组调查	在需要想法及创新方案时使用。调查方有观察能力并提能出问题，抓住消费者在讨论商品和应用时的潜藏意识。

(续表)

深入的一对一访问	将调查范围扩大到高管、医生,以及其他很难调查到的高水平消费者,这能揭示他们的购买特质、动机和外部因素。
图书馆和线上间接调查	以极少的代价获取背景信息。为新的研究提供基础。

来源:Pranses 调查

小企业主担心,如果不做类似昂贵的市场调查,便不知道如何获得潜在客户。但是一次大型的市场调查将花掉他们一年的市场预算。幸运的是,如今有一个花费相对较低的替代物:BDF 公式。BDF 代表着利益(benifits)、渴望(desires)和感觉(feelings)。BDF 公式提出,你可以问自己三个简单的问题来了解潜在客户。

1."我的潜在客户相信什么?他们的观点是什么?"
2."我的潜在客户渴望什么?他们想要什么?"
3."我的潜在客户感觉到什么?他们的感情是什么?"

你不需要做任何调查,因为你已经知道一些你想要知道的信息,否则你根本不会选择开一家迎合客户需求的商业公司。在这里,我要引用一句本杰明·史波克(Dr. Benjamin Spock)的话:"相信自己,你知道的远比你认为的更多。"比如一家为 IT 从业人员提供"软技能"培训的公司,正在推广一种新的现场培训班。他们分发的广告宣传单上写着:"提高 IT 从业人员的人际交往能力"。然而,他们得到的回应还不足传单数量的 1%。因此,营销经理和老板开始问自己 BDF 问题。以下是他们的部分问题的回答:

- 信息技术专业的人坚信技术最重要,并且他们比自己所服务的非技术人员要聪明。
- 信息技术专业的人渴望认同、尊重和持续学习新技能的机会;还渴求展示平台、工作保障和更多的钱。
- 信息技术专业的人有一种和终端用户长期敌对的感觉;他们一直和终端用户争吵,他们把高超技术解释给我们这些白痴听。

　　根据上述答案,该公司重写了他们的广告标题:这是一条任何曾想对终端用户说"见鬼去吧"的IT人员不可错过的重大消息。这一次,他们得到了3%的回应,是之前的6倍。其中三分之一的回应者以3 000美元的价格,报名了培训班。那就意味着每邮寄100封广告邮件(成本为100美元),该公司就会得到3个线索和一个3 000美元的订单。他们的营销投入回报比达到1:30。公司老板说:"BDF公式使我们把资源集中到潜在客户身上而不是产品本身。这产生了完全不一样的结果。"而在邮寄广告页之前,他们花了多少钱做市场调查?一分钱也没花。

　　伟大的销售专家兼励志演说家金克拉曾说:"如果你帮助足够多的人得到他们想要的东西,那么你就可以得到世界上任何你想要的东西。"但是,如果你根本不了解潜在客户的需求和欲望,你又怎么能帮助他们得到其想要的呢?了解你的潜在客户,有助于你决定向他们提供产品的时间、频率,以及为产品定价。你的利基市场里的消费群体是谁?你要如何寻找并识别他们?要回答这些问题,你需要得到该群体的统计学和心理学资料。其实销售是个多步骤的过程,你需要:

- 从可能对你的服务感兴趣的个人或公司身上收集信息。
- 衡量线索后,与潜在客户培养关系并解决其中遇到的问题。

- ◆ 跟进，跟进，还是跟进。
- ◆ 就一项报价做出陈述。
- ◆ 结束交易。
- ◆ 增进关系，以期在未来能再次和他们产生交易。

不妨问问自己："在销售过程的每一步中我怎样吸引潜在客户呢？"在销售过程中，你与客户的每一次互动都像是跳舞，若要与客户的步伐保持一致，就得知道潜在客户是谁。人口统计学数据会给你答案。你想要了解的诸如年龄、人种、种族（鉴于种族营销可能会你的公司带来可观利益）、性别、教育、婚姻状况、职业和收入等信息，都会从这些数据中得到。

消费心理的数据则回答了"潜在客户想要什么"这一问题。消费心理学揭示了影响购买决策的心理因素，如个性特点、价值观、生活方式、态度、个人偏好和他人意见。总而言之，人口统计学和消费心理学让你能够洞察客户的恐惧、需求、欲望，以及他们可能以怎样的方式支配自己的消费行为。回答以下问题，可以帮助你将产品销售给重点客户。

- ◆ 你想要把商品卖到全球、全国、全区，还是当地的客户？
- ◆ 决策者中男女比例是多少？
- ◆ 客户平均年龄是多少？大体来看，他们是长辈一代，婴儿潮一代，X一代，还是Y一代？（请参考表3.2）
- ◆ 他们的平均受教育水平是怎样？
- ◆ 他们有什么共同点？
- ◆ 他们有什么不同点？
- ◆ 他们如何获取信息？
- ◆ 他们处于什么样的社会阶层，又想要处于哪一社会阶层？

- 他们是共和党还是民主党，又或者无党派人士？
- 他们是环保主义者吗？
- 他们是健康、活跃、爱运动的人吗？
- 他们的消费习惯是怎样？他们如何决定购买什么？由谁做决策？又有多少人能影响这个决策？
- 他们的日常开销有多大？购买频率是多少？
- 他们以前使用过类似服务或产品吗？还是说你需要告知他们使用方法？

下表有助于你理解客户重视什么，以及他们的行为特征。

表3.2 各类消费者的行为特征

类型（根据出生年份划分）	主要行为特征
长辈一代 （1922～1945）	极度忠诚；崇拜权威；遵循传统； 相信奖励和工作年限挂钩；言出必行。
婴儿潮一代 （1946～1964）	期待忠诚；工作努力且愿意多做事； 喜欢定制产品或服务；不喜欢冲突； 把自己的个人需求（个人成长、性格发展）放在首位。
X一代 （1965～1980）	怀疑、疏离、愤世嫉俗； 寻求工作和生活的平衡点； 独立思考；潇洒自信；特别厌恶办公室政治。
Y一代（或千禧一代，1981～2000）	更重视人际关系和团队合作； 渴望公开、真实、具有时效性的信息； 寻求专业能力强且愿意指导、欣赏他们的导师； 精于打算，注重存钱。

来源：Deanne DeMarco, Generation Gaps, Parkside Publishing, 2014

如果你的客户是公司，你会想知道以下细节。

- 他们在哪一行业？
- 公司规模如何？是家族企业吗？
- 他们的最佳客户是谁？
- 公司销售的产品是什么？
- 公司地址在哪？
- 有多少办事处？
- 公司员工有多少？
- 公司的专业经营范围是什么？
- 公司财务状况如何？
- 公司在广告和营销上有支出吗？有的话是多少？分别花在哪些地方？
- 他们为何要购买？是为了增加收入、减少支出，还是维持现状？
- 他们衡量所购买服务的标准是什么？

政府市场——被忽略的"肥肉"

大多数小企业都将个体消费者或企业用户视为营销目标，根据公司业务类型，你也许还应关注另一个营销目标：政府。联邦政府、州政府，以及地方政府为一些产品和服务支付的费用每年高达2.5万亿美元。尽管其中的大部分是按具体的合同支付，但仍有数万亿的花费是处在"微购买"水平（对于联邦政府而言，指的是3 000美元以下的花费；对于州政府和地方政府而言则更低一些）。政府是忠实的客户。它们一旦喜欢上你，就会长期地从你那购买产品。给政府发邮件和给企业发邮件是类似的，但还是有些地方要特别注意。下面的小贴士，可供你参考。

The Marketing Plan Handbook
营销计划全流程执行手册

- ◆ 了解你的受众。谁会购买你的产品或服务？采购行为是集体决定的吗？为每个产品购买者建立详细的个人资料。如果可能的话，记好其职位，其所属办公室的职责或职能以及其所属机构的职能。如果产品用途广泛，你只需要找到每个办公室的采购负责人即可。

- ◆ 拥有一份通讯名单。与既熟悉政府业务，又熟悉产品的经纪人合作。许多B2B刊物都有一小部分政府人员读者，如果通讯名单对你的企业邮寄有用，那就别忽略这点。

- ◆ 营销材料必须适合受众。要将产品目录和列表（用一个简单的8英寸① x 11英寸文件列出公司的全部产品）发给采购部门和最终用户。采购部门只关心价格、来源和合同。附有产品特点与产品优势的相关材料，必须发给最终用户和决策者。

- ◆ 信息很关键。政府决策者每天会收到大量的邮件，所以你需要用产品特点与优势信息，以及采购部门所需要的价格和合同信息，在短时间内引起他们的注意。

- ◆ 如果你有总务管理局的指定合同，一定要提出来。这样客户就会直接从你（达到指定合同中所示的一定金额）那里购买产品，而不是先向你发送需求建议书。

- ◆ 给客户报价的方式应尽量简单。商业回邮卡和商业回邮信仍然没有过时，发邮件时要用上它们，将你的电话号码和网址加粗显示。如果你有专门的政府代表，那就直接列出其联系方式。

- ◆ 政府邮件地址通常有内部路由编码，记得随时向回复你报价的人询问。

---

① 1英寸=2.54厘米。——译者注

- 避免向军事基地频繁发邮件。所有的军事基地邮件中心对来自同一个地址的推销邮件都有严格的数量限制。若你的许多客户都是来自军事基地,一周发一次就行了。
- 使用 Visa 卡和万事达信用卡标志的地方,都要使用 SmartPay 标志。如果发送给政府办公室的产品目录有特定的封面,那就在封面加一个 SmartPay 标志。
- 调查你的活跃客户数据库,了解他们如何搜索信息、关注什么信息,以及最喜欢的商业网站有哪些。
- 不要错过财政年度结束前的机会。每年的 9 月 30 日是联邦政府财政年度的最后一天;而州政府和地方政府的是 6 月 30 日。如果政府机构没有用完预算,预算不会转入下一个财政年度,而是变成了普通基金。所以,它们会将剩下的预算花光。你提前 60、30 或 10 天提醒他们,就可以帮它们花完这些有可能花不完的钱。这是个不错的主意。

长久地留住客户——了解其终身价值和为什么买

设想一下,你只能通过以下三种方式来提高销售业绩。

1. 增加客户数量。
2. 提高客户采购次数。
3. 提高客户采购数量。

所以,要实现业绩增长,就要提高一个或多个的数字同时仍保持成本下降。为达成你设定的业绩目标,你必须知道:一个理想客户平均会在这一业务关系中投入多少资金。同时,这也能帮助你确定获一名客户可以承担的最大成本。以下是确定一名客户的价值的关键因素。

1. 确定该客户平均每年从你处采购的预算。
2. 确定该客户从你处采购的平均年限。
3. 确定该客户引荐所能带来的平均销售量。

例如：你有一名客户，连续三年从你处采购2 000美元的货物，那么他在你处的采购额就是6 000美元。如果他又引荐两名客户过来，同样以年均2 000美元的量从你处采购三年，那么就会额外产生12 000美元的价值。这样，一名理想客户的终身价值就是18 000美元。如果交易利润率是50%，你是否愿意花费1 000美元的成本去获得这名客户呢？当然愿意！那如果成本是5 000美元呢？

显然，在一个行业待得越久，你拥有的数据就越有用，它们能帮你迅速判断一名客户的长期价值和为获得该客户可以投入的合理成本。如果你的业务才刚起步，还没有建立任何追踪记录，这些数据将成为你后续评估业务成功与否的一个重要评价标准，也将成为是否继续开展业务的参考标准。如表3.3所示：一份《客户月度报告》，可以帮助你收集到每一位客户的价值信息。

表3.3 客户月度报告

	客户报告（年／月）							
	购买服务	解决问题	日期	数量	购买年限	上次购买日期	客户建立日期（月／日／年）	截止周期价值
客户1								

(续表)

客户 2								
客户 3								
总计				$	$			$
备注:								

弄清楚客户为什么从你这里购买产品或服务，将帮助你长久地留住客户。对客户的购买真相了解得越多，你就越能说明自己所能提供的价值。具体地说，为什么这位客户要购买此类型的产品或服务呢？这满足了他何种需求呢？个体消费者和企业的购买原因是不一样的。表3.4可以让你一览究竟。

表 3.4　个体消费者和企业为什么要买

个体消费者	企业
改善家居环境	成为市场领导者
提供工作便利	提高产量
爱好追求	节约成本
安全防护	增加现金流
增长知识	质量改善
参与社区活动	减少失误
获得成就感	智能预测
享受休闲时刻	提高雇员满意度
增加舒适性	提高社区知名度

当你要定位潜在客户时，再看一下你现在的客户。你是否曾经一直在寻找最适合自己的那一类客户呢？不妨花点时间回顾一下你的客户数据库，里面的信息综合了人口统计学和消费心理学相关知识，并做了图文描述。那么你真的了解客户的价值所在吗？对他们而言，哪些利益很重要？他们的购买流程如何？他们从哪里获取信息？

如果你足够聪明的话，就应该在整个业务过程中不停地去了解客户的需求与品位。因此，不要犹豫，去了解关于你客户的一切吧！给你的每一位客户创建一份表格，当你和客户联系的时候，你可以在里面随时添加信息。要成功迈向有利的市场，其中一个关键因素就是比你的竞争对手更了解客户想要、需要什么。

表3.5　客户信息表

客户信息	
联系信息	
姓名	
职位	
公司	
电话号码	
传真号码	
地址	
购买记录	
老客户	
售后服务（日期、数量）	
最大的挑战	
解决挑战的感知价值	
客户竞争对手	

（续表）

他们的主要客户	
购买时间	
提供的类型	
终身价值	
客户偏好	
最佳联系方式	
购买频率	
周年纪念日	
最喜欢的餐馆	
配偶	
孩子	
业余爱好	
喜爱／不喜爱	
对他们有影响的事件	
市场努力	
种类／日期／结果	
下一步行动	
（请列一份明细）	

开始行动……请描述你理想中的潜在客户

写一份关于潜在客户的简介，他们目前最为紧迫的问题是什么？是什么驱使其产生这种购买的习惯？是什么影响了他们的购买决定？

描述你现在的客户：

_____

评论下你现有客户和潜在客户最近似的配对。比如描述他们的异同点，如果差别很大，请描述你将作出怎样的调整才能让他们更加紧密地联系起来。

_____

请继续描述潜在客户。

当你的潜在客户和你做交易时，他们想要从中获得什么经验？是否和你现有客户需求一样？

_____

你还要从潜在客户那里获得什么？

_____

第 4 章

忽视竞争对手，就是忽视差距与机会

做营销这一行，埋头苦干不是一项值得表扬的品质，因为这意味着你完全忽视了市场动态，忽视了随时准备超越你、击败你的竞争对手。即使你有强烈的竞争意识，也不要以为所有同行就是对手。一双善于发现竞争对手的眼睛，是每个营销人员的标配。

如果对竞争对手一无所知，你很难超越他们。然而，仍有很多服务型企业只管埋头苦干，对竞争对手不闻不问。作为企业，既不关心竞争对手也不思考怎样另辟蹊径，那它连做别人对手的资格都没有。弄清楚谁是你的竞争对手，他们提供何种服务，以及他们的客户是谁，能让你的公司更有竞争优势。

　　有的经营者出于骄傲或者无知，天真地以为自己没有竞争对手，这种情况很少见。潜在客户并不是最后的购买者，你的产品在卖出去之前也还是你的。在购买产品之前，客户至少还有一个选择，那就是不买你的产品。对于你的推销，消费者有一种很常见的反应——没有反应，这是他们最容易作出的选择。人们喜欢什么都不做，喜欢省钱，不喜欢与推销员打交道。有的企业家跟我说，他们的产品或服务更胜一筹，肯定能在市场上所向披靡。但消费者并不这样认为。这时候，你最好真诚地告诉他们，你的产品有什么独特优点。与此同时，竞争对手的营销活动和营销人员都宣称你有的优点他们都有，你没有的他们也有。骗人？可能是，但是消费者却辨别不出。

　　在另一些领域，情况却相反。营销人员身边有大群的竞争对手，他们给客户作出的所有承诺，都有人在密切关注。在这种情况下，你显然需要了解一下你最强的竞争对手如何定义他们的品牌、产品和服务，甚至要了解他们对你的评价。

注意，"敌"从三面来

对于潜在客户，存在一个难以突破的难点——就算你的产品能很好地解决客户的问题，可他们还是不会买。为什么？一句话概括：因为竞争对手的存在。并不是只有你能为客户解决问题，客户有很多选择，他不一定非得购买你的产品。

你面临的主要竞争对手有三种。第一种，奉行"无为主义"的消费者。他们不愿意花费金钱和精力去解决问题，反而决定与麻烦和谐相处。比如，即使被口臭、龋洞或者牙疼折磨，仍有三分之一的美国人不愿意去看牙医。所以，患者的不作为是牙医的竞争对手之一。第二种，相信"自己动手，丰衣足食"的消费者。有的人会为了省钱自己给房子刷漆，如果你是个油漆匠，可能会因此失去一些客户。自己动手的潮流是家庭上门维修服务的主要竞争对手，从沟槽清洁到草坪护理都不乏自己动手的人。第三种，同一市场上提供相同或相似产品和服务的公司。记住，市场营销的目标是让客户在你这里下单，而不是去光顾你的竞争对手。

做竞争对手的"跟屁虫"

SWOT是一种很实用的分析工具，你可以利用它从四个方面来分析竞争对手。

优势：他们真正擅长什么？他们在哪些方面比你更有优势？

劣势：他们的劣势是什么？你能够占领哪些竞争对手在产品或服务上不如你的市场？

机会：竞争对手忽视了哪些需要解决的问题？忽略了哪些潜在的销售机会？

威胁：有哪些市场情况、突破性技术和其他的变化因素会影响你的经营，阻碍你的成功之路？

关于如何跟踪竞争对手的信息，提供以下几条参考建议。

- 雇人在竞争对手的商店里匿名购买他们的产品。
- 订阅竞争对手提供的免费电子资讯，持续跟进他们的最新动态。
- 从竞争对手网站上挖掘信息，研究他们的HTML代码，抓取用于优化网络搜索的关键词。
- 在网上订购竞争对手的产品，使自己被列入他们未来发送促销邮件的名单中。
- 在www.surveymonkey.com网站上做在线调查，获得客户对你和竞争对手的产品的意见。
- 雇用从竞争对手公司离职的高级销售人员、产品经理和设计师。尽管有保密协议的限制，但你仍然可以获取大量有价值的商业信息。

但永远不要复制对手的优点，除非……

你知道你的头号竞争对手是谁吗？是你认为的，还是目标客户心里的？你又知道竞争对手是如何积累影响潜在客户的因素吗？由于客户能够认识到你和你的竞争对手之间存在差异，你需要了自己和竞争对手在潜在客户心目中的具体认知情况。这样，你才能在营销时突出自己的优势，并找到克服劣势的策略。

如果你想要在未来的博弈中独占鳌头，一份关于竞争对手的简要说明可以助你了解他们的一切实时信息。现在，开始着手建立竞争对手档案，从对手的变化中寻找机会并发现威胁因素。

首先，你要对竞争对手进行分类。那些服务类型、质量和价格与你非常相似的公司，都是你最直接的竞争对手。请列举出前五名或前十名。不要忽略那些潜在的竞争对手，尽管他们并不提供与你类似的服务，你的潜在客户却可以把他们的服务作为一种选择。比如说，两家电影院上映同样的影片，那么他们就是直接竞争对手。而对消费者来说，他们追求的是消遣娱乐。所以，潜在的竞争对手还有可能是现场戏剧表演、体育节目、主题公园或者夜店。他们争夺的是你能提供给消费者的娱乐价值。分析竞争对手的时候，请考虑以下问题。

- ◆ 他们提供什么样的服务？
- ◆ 他们的关注点是什么？如果把你的利基市场分为低端市场、中端市场和高端市场，那么他们更关注哪个群体？你是否能有效地吸引他们并不关注的人群？
- ◆ 他们最大的优势体现在哪里？永远不要去复制对手的优点，除非你能比他们做得更好。
- ◆ 他们的市场营销资料的主要内容是什么？他们如何定位？
- ◆ 在行业中，他们的声誉或者形象如何？你能否占有与他们不同的市场？比如说，他们在行内犹如银背大猩猩般的存在，你是否能作为一只机灵的蜘蛛猴，生存在他们身边并试图做得更多呢？

列举一份你最喜爱的商品清单。扪心自问，为什么你会选择这些商品？是因为他们的品质、服务的质量、可信度、价格，还是其他？这些商品是如何去锁定自己的市场，以及他们的竞争对手的？你能从中学到什么？你又将如何运用到自己的市场营销中？现在，想想那些你再也不会买的产品。是什么让你作出这种选择？你能从中总结出什么经验并运用到实际中呢？

尝试从客户和对手的想法中去开拓事业新天地，了解他们是如何定义自己与客户的关系，考察其网页，分析案例，观察他们的促销活动。

关于竞争对手，以下是你应该思考的问题。

- ◆ 他们做得好吗？
- ◆ 他们有什么优势？价格更优惠？
- ◆ 他们忽视了哪些细分领域、需求或机会？
- ◆ 为什么客户喜欢与他们做生意？
- ◆ 不同的人对他们有什么评价？
- ◆ 为什么以前的客户不再与他们做生意？
- ◆ 你能从他们那里学到什么？
- ◆ 你哪些方面做得比他们更好？
- ◆ 你的哪些优势他们无法复制？
- ◆ 你在哪些方面不如他们？
- ◆ 他们正在做什么可能会威胁到你的事情？
- ◆ 什么趋势或变化可能为你创造机会？
- ◆ 他们如何定价？与你的价格相比如何？如果你在相同的服务上定价更贵，你能展示出你的附加价值吗？如果你收费较少，你能证明你带来的价值并不比对方少吗？
- ◆ 他们如何打包服务，使其对客户最具吸引力？（有特别优惠、奖金、权威保证、更长的服务时间、更多的服务提供商？）
- ◆ 他们有什么弱点？
- ◆ 他们的业务实践为你提供了任何机会吗？

这里有一个例子。戴维是一名保险代理，主要向青少年推销汽车保险。对于那些在学校取得好成绩的新司机，他会给予大幅折扣。不幸的是，所有的竞争对手都提供同样的优惠。所以有的父母会问自己为什么不选择城里的其他保险代理，而要非他不可呢？

有一天，他在自己的名片背面写上了自己的电话号码，并交给潜在客户。他说："你的孩子可能会在未来某个晚上喝醉酒，无法开车。请把我的名片给他，背后有我家里的电话号码。他可以 24 小时随时给我来电。如果他没法开车，我就负责接他，把他安全送回家。"该地区没有其他代理人愿意作出这种额外的承诺，这让戴维得到了宝贵的机会，搞定更多的客户。

行动……描述你的竞争对手

特点	你的企业	竞争对手1	竞争对手2	竞争对手3	竞争对手4	竞争对手5
他们提供什么服务？						
主要焦点						
感知优势						
广告词						
他们如何定位自己？						
他们擅长什么？						
优势						

（续表）

在你的利基市场中他们忽略了什么？						
他们哪里没做好？						
客户喜欢他们的理由						
客户抛弃他们的理由						
你能从他们身上学到什么？						
你比他们做得好的地方						
你有哪些优势他们无法复制？						
他们做的哪些事情可能抢了你的生意？						
他们如何给自己的服务定价？						
他们如何打包服务？有特别优惠、奖金、权威保证、更长的服务时间、更多的服务提供商？						
弱点						
你的机会						

总结你在分析竞争对手时的发现，你看到了任何的差距或机会吗？具体在哪些方面呢？

_____

_____

_____

第 5 章

谁也逃不过的定位

如果说"我是谁""我来自哪儿""我要去何方"是人类的终极哲学问题,那"我是做什么的""我能提供什么利益""我有什么独特价值"就是营销者要思考的终极哲学问题。回答好这一系列问题,就能助你为企业和产品进行清晰定位,吸引更多客户。

从前几章中,我们已经知道如何定位市场与客户,如何了解客户的购买心理,如何锁定和超越竞争对手。现在,是时候对我们的事业进行定位,并为我们下一年的目标制订相关战略了。

定位一定要被人感知

正如前面所讨论过的,一个定位陈述(可参考表5.1)能把你希望被市场所感知的定位传递给现有和潜在客户。他们将知道与你做生意可获取的益处,以及为什么你的产品或服务的价值独特。

你的企业定位要反映在网站宣传页面的每一篇新闻稿、演讲稿、博客,甚至PPT演示文稿中。这是你的企业能够被市场感知的原因。但是,如果没有将定位贯彻在企业业务中并进行整合,这样的定位将毫无意义。以下是如何展开定位陈述的方法。

◆ 提醒自己关注潜在客户的重要需求,弄清楚他们用什么价值标准来选取供应商。

- ◆ 回顾第 4 章中有关你和竞争对手的对比。
- ◆ 注重自己与众不同的优势。
- ◆ 告知潜在客户你与众不同的优势，将如何有益于他们（也称你企业产品的独特销售卖点，可再参考表5.1）。

表5.1 定位

核心价值主张	核心价值主张是顶级的销售点，是一款产品或一家企业的最大优势。在商业领域，投资回报率是最重要的参考标准。
独特销售卖点	独特销售卖点是竞争对手不具备但客户可感知的价值。它是可以将你与竞争对手极大区分开来的垄断优势。
定位	它决定了你的产品受众、市场领域，将你与竞争对手的产品在质量、特色、设计、价格与服务等方面做对比。
利益	利益是产品可带给客户的益处，比如帮其节省时间与金钱、减轻体重、赚钱，或提高健康水平等。

来源：大卫·费德勒（David Fideler）：《公开你的核心信息》（*Unlocking Your Core Message*）

例如，联邦快递（FedEx）的定位陈述已经有很多年了："联邦：当你需要它绝对在一夜间到达。"作为一名企业主，为了拿下订单，我时不时需要让自己的文件一夜之间到达对方手中。因此，我喜欢联邦快递的定位陈述。然而事实上，随着电子邮件的出现，联邦快递对信息工作者来说已经变得不那么重要了。因为我们的产品（文件）可以用在线传输工具即时传送给客户。编写定位陈述的通用格式如下：

我们为想要 ＿＿＿＿＿＿＿（你的产品或服务所能解决的独特需求）

的_____（你理想的客户）提供_____（你的产品或服务）。

现在，请你试着写下自己的定位陈述。记住，你的定位陈述应该专注于你所做的事情，你服务的对象，以及你为客户所带来的特殊价值，并且只专注于一个承诺。

这样创建独特销售卖点，客户才非你不可

切肝与菲力牛排哪个更好？大多数人回答菲力牛排。但是，这是错误的答案。正确答案是：菲力牛排不比切肝好，切肝也不比菲力牛排好。如果你选择了菲力牛排，你应该说："我喜欢菲力牛排，并不是因为菲力牛排更好。"从本质上说，菲力牛排并非优于切肝。这是一个味道偏好的问题。如果我喜欢切肝，那么对我来说菲力牛排并不是更好的选择。

这与你的定位 USP 有何关系？太有关系了！每个企业都需要有一个 USP，这是客户为什么要来光顾你生意而不是找你的竞争对手的最大原因？你知道企业最常见的 USP 是什么吗？老板在说服客户下单时最常用的理由是什么？最苍白无力同时也是最常见的 USP 是："我们更好。"为什么呢？因为"更好"太过笼统，难以证明。这样的 USP 并没有可信度。此外，"更好"是一个日常用语，它没有什么实际意义，就像同样被过度使用的"品质"一样。为了使人们选择你的产品，我们应该如何创造一个 USP？我将在这里阐述其中三种方法。

第一种方法，要专注于你的产品最与众不同，并能为用户提供一个重要利益的特点。比如 Crispix 麦片并没有宣称自己的"味道更好"，而是称"泡进牛奶依然香脆"。它传达了一个消费者喜闻乐见的具体优点。

第二种方法，将目标集中在一个特定的利基市场。成千上万的企

业顾问都在为客户拼搏，我的高中老友加里·戈伯却独树一帜，数不清的潜在客户在他的门外排队。为什么？因为他不是一般的企业顾问，而是一个专注于眼科医生业务发展的顾问。加里在新泽西州发展了规模最大且最成功的验光业务，但这并不妨碍他担任眼科医生发展顾问。如果你是一个正在寻求扩大自己业务的眼科医生，你会愿意和谁一起合作？是加里，还是一个声称自己可以帮助你，但在此之前从未和任何一位眼科医生合作过的顾问？

第三种方法，将产品品牌化。而实现品牌化，通常需要策划并执行一些广告营销活动。这类活动通常规模大、成本高。尽管有一些缩减成本的办法，但是对于许多小公司而言，进行广告营销仍然不太现实。一个有名的例子是乔治·福尔曼（George Foreman）牌烤架，它显然不是世界上最好的烤架。在我记忆中，生产商也并没有如此宣称。但是这是你唯一能买到的刻有"乔治·福尔曼"的烤架。如果你只是想要一个烤架，在很多地方都能找到类似的。若你想要一个乔治·福尔曼牌烤架，那么除了去乔治·福尔曼公司购买，你别无他法。

在你确立自己的USP之前，先思考下面几个问题。

- ◆ 我的产品给使用者提供了哪些与众不同的益处？
- ◆ 有没有一种技术或职业是我擅长的？
- ◆ 有没有办法使我的产品变得更富有时尚感，从而能吸引客户，提升公司和产品的价值？

你和竞争对手的定位陈述越不相同，你的产品就越容易被销售出去。反过来说，你的定位陈述如果不能体现出产品的独特卖点，将是一个很大的麻烦。总而言之，USP就是潜在客户购买你的产品的重要原因。当潜在客户问你"我们为什么要在你这儿买，而不是从别人那里"时，

如果你没办法给出一个明确的理由，你又怎么做生意呢？一个成功的USP，既能明显地将你和竞争对手区分开来，又能强有力地说服消费者选择你的服务、产品或者品牌。它通常由三个重要条件组成。

第一个条件，这个卖点要给消费者传达一个信息——"买下这个产品，你将会得到专属的体验"。因此，你的产品广告语要有很强的说服力。比如，"CryoQuad静音制冷空调在保持你房屋凉快舒适的同时，还可以节省四分之一的电费"。

第二个条件，这个卖点必须是竞争对手既没有提供，也提供不了的，必须有自己的独特之处。它的"独特"体现在"销售卖点"。举个例子，CryoQuad静音制冷空调宣称制冷泵能将冷气均匀地送至房间的每一个角落，而其他类型的空调只能将冷气输送到有限的范围内。

第三个条件，这个卖点的影响力必须足够大，大到能影响成千上万的人（也就是说，将新客户吸引到购买大军中来）。这也意味着，它触及客户真正的需求。再结合之前所说的例子，你的卖点总结起来就是："想要让家变得凉快，现在就买一台CryoQuad静音制冷空调吧，只需一个夏天，这台空调的钱就省回来了。而且在未来使用过程中，还能节省很多的电费。"根据上面的三个条件，我们可以总结出一个有效的产品广告需要注意：

◆ 这个广告项目有主题吗？
◆ 它是否新颖独特？
◆ 它有卖点吗？

沃登面包（Wonder Bread）的老广告是一个卖点陈述清晰、简单的典型例子："沃登面包用12种不同的方式帮助您强身健体。"有趣的是，当你让消费者在脑海中把你的产品与它强大的卖点联系到一起，竞争对手很难将它们抹掉。毕竟，难道你会联想到另一个牌子的面包广告说"我们也用 12 种不同的方式帮助您强身健体"。就算真有这样一条广告，购买者每次看到它时都会想到沃登面包，而非其他品牌。

又有一个例子：一家软件公司要售卖一个应用开发工具，程序员可以用它开发各种应用程序。可喜的是，和其他工具比起来，他们的工具省时：测试表明，这款工具开发应用程序所耗时间仅是其他公司的三分之一。公司将这一优势与他们的返款保证相结合，想出了如下卖点：让你开发应用程序的速度是别人的三倍，否则给你退款！这是否符合"具有很强的卖点"这一条件？答案是肯定的。因为：

1. 它有一个强大的优点：开发应用程序的速度快，节省时间。

2. 它很独特：它是唯一一个声称并承诺（退款保证）帮助购买者以别人三倍的速度开发应用程序的工具。

3. 因为程序员总是很忙，因而会寻求高效工作，一个工具可以让他们在更短的时间内完成作品，这一优点足以强大到让他们愿意试一试了。

在定位谱上选择你的位置

宝马和梅赛德斯奔驰作为豪华轿车，被定位于产品线的高端位置；土星汽车（SATURN）是资金有限的职场新人首选，它被定位为价格实惠的低端车。你想如何在市场中定位你的产品呢？

在《鲨鱼坦克》[①]（*Shark Tank*）的某一集里，法官罗伯特·赫贾维奇投资了一家生产设计师品牌的毛衣公司，其毛衣每件售价 65 美元。

---

① 又称创智赢家，是美国 ABC 电视台的一系列发明真人秀节目，该节目是一个提供给发明创业者展示发明和获取主持嘉宾投资赞助的平台。——译者注

在一次会议上，公司的管理者给罗伯特展示了单价为40美元的毛衣，他们认为这将有助于将毛衣的销售范围扩大。罗伯特则认为这些更便宜的毛衣与公司"提供独特的毛衣"核心主张相矛盾，会得不偿失。他建议仍致力于为那些可以并且愿意购买65美元毛衣的客户服务。

我认识一位牙医，他把自己定位为高端美容牙医，专门服务于那些有能力支付高额牙齿种植费用的客户。我的一个高中朋友也是牙医，在社区里开办了诊所并雇用了双语职工。因此，他可以与许多西班牙裔的患者进行交流。作为牙医，他们的收入都不错，但是以两种完全不同的途径做到的。

用户好评就是最好的宣传文案

引用客户对产品的好评，能增强产品可信度。不过，你要用真实而非杜撰的评语。即使由水平最高的文案写出的好评，其可信度和真诚度也比不上真实的客户对产品只言片语的认可。

客户评价应该透露出使用产品的细节，而非笼统的溢美之词。每当收到客户评价时，我会找出那些直白的赞美之词，并用蓝铅笔摘抄下来。然而这样做只会得到诸如"我们对贵司产品感到很满意"的句子。如果我们加入更多一些细节，比如客户讲述产品和服务给自己带来的价值，会使这些好评更具说服力。

于是潜在客户的大多数疑问，都将由已经使用过产品的好评用户解答。这样老用户也就成了我们的销售员。注意，不要试图修饰客户的评论，否则看起来像不入流的小广告。通常，未经统一格式编辑的好评且评论者信息更全面就更能凸显真实性。评论者的信息包括了其姓名、来自哪一个城市和国家、所在公司和职务（商业客户）。

这里介绍两种展示买家好评的基本办法：把评论汇总到产品册或

产品引导页的某区域，或把评论独立分散在每一页。你也可以结合这两种方法，把一些评论放到直邮包裹中或插入网站表单中，余下每页放少量评论。我观察到这两种方法都十分有效，其成功部分依赖于评论者的文笔和货物的品质。但是，当其他条件相当时，我更偏爱于第一种方法。让客户一条接一条地读着来自买家的好评，会比分散地看到这些评论时更有冲击力。在我的网站上，所有的感言都集中在一版长页面中。我见过其他网站中一两条好评会随机出现，这样削弱了产品给人的好印象。

最后，开展销售宣传之前，记得请求客户同意你在商业广告、直邮包裹、产品册中引用他们的评论。征得同意后，你就可以随意使用这些评语了。

用一年时间证明，你的定位没错

既然你已经以强大的 USP 明确了市场定位，那么你要如何让公司完成你的愿景？你又会花费多长时间塑造公司品牌？从现在开始，回顾你对自己事业的愿景，并且思考三年内你想要得到的结果。写下你想要实现的目标，包括你的总收入、利润、客户资源、你所提供的服务，以及你的员工、办公场所等会影响你达成目标的重要因素。

问问自己一年内要做到什么程度，才能完成目标？一年内如何让事业有所不同？接下来一年里你的目标是什么？所谓目标，是你想要达成的结果的陈述。它被定义为"努力的终点"。它告诉我们，每天我们需要在哪些事上下功夫。你的目标应该比你的愿景更远大一些。

你的目标要遵循"SMART"原则，即：

- 具体（Specific）。
- 可量化（Measurable）。

- 行动导向（Action-oriented）。
- 现实（Realistic）；你的目标要大（朝月亮出发），但同时要可以达到。
- 时效性（Timely）；给每个目标设置截止日期。

要实现目标，就一定要把它们写下来，这会给我们的潜意识发送一系列推动行动指令。研究表明，利用设置目标来提升动力的人更有自信，更可能戒掉坏习惯。

所以，今年你的事业目标是什么呢？

脊椎按摩营销公司今年的主要目标是：将总收入从15万美元提高至20万美元。目前，该公司在加州南部每年平均有29位客户，每月增加2～3位客户，其客户留存率为35%。佩雷斯计划向每位新客户收费5000美元，之后每年跟进收费500美元。

向家庭提供按摩服务的脊椎按摩诊所是脊椎按摩营销公司的潜在客户。这些诊所大多对客户进行非处方、非创伤性的疗法以缓解其背痛。它们往往需要向潜在客户普及脊椎按摩的益处，但很少知道如何高效执行。脊椎按摩营销公司的竞争对手，为这些诊所提供了电话销售培训服务，但他们没有提供成熟的市场营销计划。大多数按摩诊所都对培训服务不满意。没有一个详细的计划，他们很难看到自己所期望的业绩增长。

脊椎按摩营销公司的解决方式是，先为客户制订一个计划，然后再带领他们逐步实施。目前，该公司已帮助超过150位客户成功实施营销计划。虽然客户的反馈都是积极的，但它并没有对具体结果进行追踪，下一步它要建立一个追踪程序。脊椎按摩师在各自的目标市场中有四个信息获取渠道：《脊椎按摩杂志》、加州脊椎按摩协会、按摩师在线网和《美国脊椎按摩师杂志》。口头宣传对当地脊椎按摩师也很重要。

脊椎按摩营销公司喊出的口号是"一份营销计划助你四季成长"，

也就是说有了营销计划，即使在经济萧条期，按摩诊所的业务量也会继续增长。脊椎按摩营销公司将重点放在依靠低成本策略进行营销，还可以举办演讲、进行网络宣传和发送直邮广告来接触目标市场。佩雷斯预测今年的营销成本为5 000美元。

宣传手册，另一个门面

互联网未普及时，各大商家无法通过网站宣传自己提供何种产品与服务。因此，所有商家都有自己的宣传手册，它总结了整个企业的基本情况：公司的定位、使命、愿景、产品功能、服务、效益、卖点和优点。我们可以编写一份类似的手册，这可以帮助你和你的潜在客户清晰地认识你的企业。

你并不需要真的把这份手册大量印刷，然后拿去分发，把它制成PDF格式放在网站上供人浏览或下载即可。当有人询盘的时候，立即将PDF或者是网站链接发给对方，以便化解其疑惑。不过，我建议你还是准备一些纸质的册子。因为浏览完电子版之后，人们往往很快就会忘记。因此，最好的办法就是发送电子版的同时，把你的纸质册子也寄给对方。在创建企业的宣传手册时，以下可做参考：

1. 编写手册的目标（检查确保所有信息准确）
   - ☐ 将产品的信息提供给客户
   - ☐ 吸引潜在客户
   - ☐ 树立企业形象
   - ☐ 建立公司或者产品的口碑可信度
   - ☐ 直接通过邮件销售产品
   - ☐ 帮助销售人员达成任务

- [ ] 帮助销售人员展示产品
- [ ] 促成交易
- [ ] 协助经销商，批发商，代理商，销售代表
- [ ] 为产品增值
- [ ] 提高直邮促销的效率
- [ ] 解答客户的询盘疑问
- [ ] 在贸易展览会、交易会、会议上分发
- [ ] 展示商品卖点
- [ ] 作为给员工、供应商、媒体、投资者的参考资料
- [ ] 传递最新动态
- [ ] 发布新产品及宣传产品的改进
- [ ] 培训和指导新的员工
- [ ] 招聘新员工
- [ ] 为公众提供有帮助的信息
- [ ] 解答各种可能提出的问题
- [ ] 创造新的商机
- [ ] 让你的公司出现在客户的供应商列表中
- [ ] 其他（填写）_____

2. 必需的文字资料（核对）

- [ ] 年度报告
- [ ] 广告小册子
- [ ] 手册
- [ ] 个案史
- [ ] 目录册
- [ ] 印刷信函

□ 记录表

□ 小广告传单

□ 发票

□ 联系方式

□ 用来发电子邮件的便携文件格式的册子

□ 海报

□ 其他（填写）_____

3. 主题

◆ 宣传手册的主题是什么？（描述正在促销的产品、服务、项目或机构）

　_____
　_____

◆ 中心思想是什么（若有的话）？

　_____
　_____

4. 内容

◆ 宣传册是否将本册内容主次分明地列出？

　_____
　_____

◆ 宣传册的内容完整吗？是否涵盖了所有要点？

　_____
　_____

◆ 信息来源是什么？你为手册撰稿人提供了必要的背景文件了吗？

　_____

◆ 你遗漏了什么？哪些地方有待进一步的研究（若有的话）？
_____
_____

5. 观众
   ◆ 地理位置 _____
   ◆ 收入水平 _____
   ◆ 家庭地位（已婚？未婚？有子女？离婚或丧偶？）_____
   ◆ 所在行业 _____
   ◆ 工作头衔/职能 _____
   ◆ 教育水平 _____
   ◆ 政治面貌 _____
   ◆ 宗教/种族背景 _____
   ◆ 年龄 _____
   ◆ 关注焦点（购买者会对你的产品、服务或者组织会感兴趣的原因）
   _____
   ◆ 购物习惯/决策能力 _____
   ◆ 对目标观众的大体描述（用自己的话说）_____

6. 销售吸引力
   ◆ 关键产品的销售吸引力是什么？
   _____
   _____
   ◆ 辅助性或二级销售点是什么？
   _____

7. 意象

◆ 你想让自己的手册给读者传达什么样的意象？

_____

_____

8. 销售周期

怎样让宣传册符合你的销售周期？（可多选）

☐ 开发潜在客户

☐ 回复初次调查

☐ 为有资格的买家提供更详细的信息

☐ 树立公司和其产品的信心

☐ 提供详细的产品信息

☐ 回答潜在客户经常问的问题

☐ 为将要购买商品的潜在客户补充销售信息

☐ 介绍商品时站在售货员一方

☐ 成交

☐ 其他（描述）_____

9. 竞争对手情况

竞争对手的宣传册着重于什么意象和销售吸引力？

竞争对手	意象	关键的销售吸引力

10. 格式

♦ 近似字数 _____

♦ 彩色照片数量 _____

♦ 黑白照片数量 _____

♦ 插图及其他可视图（描述）的数量和种类 _____

♦ 页数 _____

♦ 页面尺寸（单位：英寸）

  □ 8½×11 □ 7×10 □ 6×9 □ 5½×8½ □ 4×9 □ 其他

♦ 折页和装订方式 _____

♦ 印刷的颜色数量

  □ 单色印刷 □ 双色印刷 □ 四色印刷 □ 其他

♦ 纸张的类型（质量、纸张表面处理、质地和颜色）
  _____

11. 预算

使用以下的工作单估算费用。

项目	费用（单位：美元）
文案	
摄影	
插图设计和布局	
排版	
机械操作（粘贴）	
印刷	
合计	
印刷份数	
印刷每份的费用	

12. 日程表

生产花多长时间？

项目	各项任务完成所需天数
稿件	
稿件复审	
稿件重改	
设计	
设计复审	
设计修正	
排版	
摄影和插图	
机械操作	
延迟，出错	
合计	

行动……撰写明年的商业目标

将主要目标控制在 3 ~ 5 个范围内：

_____

第二步，写出你的策略或方法，力求达成目标。你的策略应该能够稳定地为你引进客户流量。确保你的策略包含以下细节：

◆ 你的目标和潜在客户。
◆ 你的解决方法。
◆ 用潜在客户认同的方式，把自己和竞争对手区分开来。

- 选择最佳地点，向客户推销你的解决方案。
- 你提供的信息需让潜在客户对你的服务感兴趣（所说的内容必须围绕潜在客户，而不是你自己）。
- 估算实施策略的成本（把预见销售额的2%～4%用于营销预算）。

脊椎按摩营销公司今年的一个主要目标：将收入从15万美元提高到20万美元。为了达到目标，它将采取以下策略。

- 树立自己替脊椎推拿治疗师撰写营销方案的名声，因为还没有其他人在该领域提供这样的服务。
- 对潜在客户方圆10英里的范围进行广告轰炸。
- 增加15个净赚新客户。
- 将客户留存率提高到40%。
- 为客户提供计划实施指导，从而增加收入。
- 增加年中跟进，增加客户对服务的使用频率。

撰写实现一年计划的战略决策：_____
_____

第6章

没有产品线,煮熟的鸭子也会飞

在营销中,你的最主要利润来自当向前客户销售更多的产品和服务,没有一条完整的产品线和成熟的营销策略,你就等于放飞了一只又一只煮熟的鸭子。客户不是傻子,而是怀疑论者,会下意识地质疑你的营销活动。所以,你要怎样化解质疑?卖出更多产品呢?

若想要在商业上取得成功，你的产品和服务必须多元化。产品过于单一，你当然也能获利，但你的业务体量和盈利额会永远局限在一个范围内。有例外吗？当然有。

为什么你需要将更多的产品和服务卖给曾经的客户？回想我们之前讨论过的客户终身价值——客户在活跃期的总购买金额。假设你经营着一家杂货店，一般客户每周在你的店里消费100美元，或每年消费5 000美元。如果某位客户将在5年后搬家或选择了另一家杂货店（因为对方地理位置接近，商品更丰富，价格更低，或客户对你的商店不满意），该客户的终身价值为2.5万美元。

大多数企业赚的不是第一笔订单的钱，而是相同客户的重复购买。第一次被卖出去的产品被称为前期产品或前期销售。让新客户第一次购买你的产品的过程，称为"获取"，因为你要获得这名新客户。一旦他们成为你的客户，他们之后的购买行为就被称为"后期销售"，这才是企业利润的主要来源。为什么后期比前期更有利可图？因为前期销售更像是一次性买卖，而后期销售是一段时间的"拉锯"。此外，后期销售比前期销售更容易，成本更低。

通过第一次交易来获取客户，具有挑战性且成本较高。想让一位从未和你接触过的陌生人与你做交易，需要做大量的工作来消除他们的戒备心。而继续向现有客户销售产品的难度和成本都要低很多。平均来说，比起向新客户首次进行销售的成本，对现有客户进行销售的成本要便宜5倍。因此，你需要一个额外的产品和服务在后期销售中卖给前期已经购买过的客户。（注：后文中，我们使用"产品"一词来表示"产品或服务"，"产品线"是指"产品或服务线"。）我有一位客户，是一家专门营销自助音频学习系统的大营销商，他主要通过直邮销售来拓展业务。这位营销商不会从客户的第一个订单赚取利润。然而，他有几十个其他软件，用于后期销售。通过积极地向现有客户销售后期产品，他把自己从每位客户身上赚取的利润从负数变成了天文数字。

通常，营销人员会以成本价乃至亏本价来做成第一单生意。这样能以最快的速度获取最多的新客户，因为他们知道自己能从每位客户的终身价值上赚取巨大的利润。那些以成本或亏本价格出售的产品被称为"吸引商品"。例如，你在邮购杂志上看到贵金属公司以成本价出售的银币或金币，它没有从这些真金白银上赚到一分钱，但赢得了具有巨大终身价值的客户。

在服务部门，"削价竞争"是一个贬义术语，用于描述凭低价赢得订单的做法。有人说："如果你虚报低价才拿下第一份订单，你就永远无法向该客户正常收取费用。"你最终只能获得一个不盈利的订单。但他们的这种思路有两个缺陷。首先，这个说法是错的。请把你的低价称为"入门特价"，这样就能清楚地表明现在下单就能占一个大便宜，因为正式的产品更贵。其次，事实证明"削价竞争"往往是一个明智的举动，尤其当你将潜在客户的终身价值考虑在内。为了确定究竟应该花多少钱来获得新客户，许多服务公司根据广告带来的第一个订单金额来估算自己的营销预算。也就是说，若前端产品的价格是500美元，他们获取一名新客户的成本会控制在 500 美元以内。若他们希望营销投入的回报率是一倍，那为获得每位新客户投入的成本最多是 250 美元。

更聪明的营销人员知道，在制订获得新客户的成本预算时，应该基于客户的终身价值，而不是第一个订单的收入。例如，如果平均每个订单的价格为 500 美元，客户每年的平均购买数量为 2，并且保持 5 年的购买期，该客户的终身价值就是 $500 \times 2 \times 5 = 5\,000$ 美元。你发现实际上赢得每一个新客户的成本为 500 美元。了解客户终身价值，以及它与获取新客户之间的关系，将为企业主带来很大的竞争优势。因为他们知道新客户的真正价值，愿意花更多的钱来开拓新生意。

基于对这一原则的理解，营销大师杰·亚伯拉罕（Jay Abranham）经常建议自己的企业客户，在第一次销售时给销售人员 100% 的佣金，而不是通常的 10%。这会使销售人员有更多的动力去开发新客户。公司将在每位客户的重复购买中，获得正常利润。

一家专门服务于企业的图书公司邀请我策划一场营销活动，以让其新客户在他们那里开一个账户并订购图书。该公司表示愿意为获得每个新的客户花费约 300 美元的成本。我告诉他，只要免费为每一个自己想赢得的客户开一个公司账户，并往里面打 300 美元，然后通知他们可以免费试用公司的服务。如今，很多在线交易服务商就在使用类似的策略。他们会给你发一封邮件，告诉你他们已经为你开了一个账户，并赠送 75 美元。你在和他们做第一笔交易的时候，将得到这笔钱。

总之，想要刺激业务增长，你就得计算客户的终身价值和每获得一位新客户的成本，并为潜在客户提供免费试用的机会。

打造新产品，要关注终极益处

当你在设计新产品时，你要关心的不应只是产品的重量、规格和颜色等方面。营销专家们总是一遍又一遍地重复：客户不是在购买产品，而是在购买产品所带来的益处。

以书籍为例。如果你只把书当坐一件物品，从本质来看它只是纸张和墨水的产物。事实上，做书的成本远低于你买书所付的钱。因为你的付费对象不是纸张和墨水，而是其中的信息和思想，是知识的力量帮书商赚到更多的钱。杰瑞·布坎南（Jerry Buchanan）曾言道："当你向一个人销售一本知识性书籍时，你向他销售的并不是纸张和墨水，而是一个全新的生活。"

因此，在设计一款新产品时，你必须决定为其注入什么样的特点，并考虑到这些特点如何承载客户所需要的益处。在物质产品的设计阶段，你需要考虑可选型号、大小、颜色、附加物、重量、规模和包装等。但事实上，产品的设计不仅包括其物理特性，还包括它们身后的公司和服务。你会作出什么样的承诺？产品所携带的服务和支持如何？销售商和客户谁来支付运费和手续费？

过去，有一个关于新产品设计的技巧获得了很大成功，现在却被人们遗忘：在你正式设计和制造产品之前，请为你想要介绍的产品写下最强有力的广告和推销信；然后把它拿给你的潜在客户看，并获取他们的反馈。或者，你可以先尝试生产一些样品。

在描述你的新产品时，可用表 6.1 的内容来确保你的广告和推销信涵盖了所有的重点。在左列中，填写关于新产品的重要特点。之后，对于每个产品特点，你需要按照客户需求对其进行评价，并确认它是否为一项强有力的销售卖点。例如，如果新产品的颜色多样性对于客户而言是优点，那就给它打 4 分或 5 分。任何估值为 3、4 或 5 的产品特点，都完全可以考虑用于实际生产；任何被评为 1 分或 2 分的产品，也许就不值得继续保留，你可以放心地将其划掉。

此前，你可听过这样的言论：当你为产品做广告时，你应该强调产品的益处而不是特点。但是，我认为产品特性不能仅分成产品特点或益处两种。经验丰富的营销者都知道，产品描述有四个层次。这四个层次分别是特点、优势、益处和最终益处，它们的等级关系可用 FAB（特点／优势／益处）金字塔（见图 6.1）进行阐明。你的广告中包含的层次越多，其效益越佳。

表 6.1　产品定义与描述等级表

1 分：弱，在产品推广中不需要强调该方面。
5 分：强，在产品推广中需要强调该方面。
NA：不适用。
产品名称：＿＿＿＿＿＿＿＿＿＿＿＿＿＿＿＿＿＿＿＿＿＿

类别	注解	等级
包装		
描述		
益处	1.	
	2.	
	3.	
特点	1.	
	2.	
	3.	
感知价值		
型号、颜色和特殊功能		
附件／配件		
保修／保证策略		
价格		
购买方式		
交货或销售方式		
交货速度		
服务与支持		
卖家信誉		

特点就是产品是什么或具有什么,即产品物理性质在字面上的描述,位于金字塔最底端。例如,一条轮胎的特点之一就是它有钢丝带束层或许还是双层的。尽管专家告诉你"强调益处,而不是特点",但特点也可能成为一个卖点,即使客户不懂这个卖点。举一个例子,当我还是个孩子时,汽车制造商会专门为新车型发行宣传册,大肆宣传该车辆具有齿轮齿条式转向的功能。这使得每个人在购买任何车辆时,都会问汽车经销商:"这辆车具有齿轮齿条式转向的功能吗?"然而我敢打赌,一百个买家中没有一个人知道齿轮齿条式转向是什么。直到现在,我仍不知道它是什么。

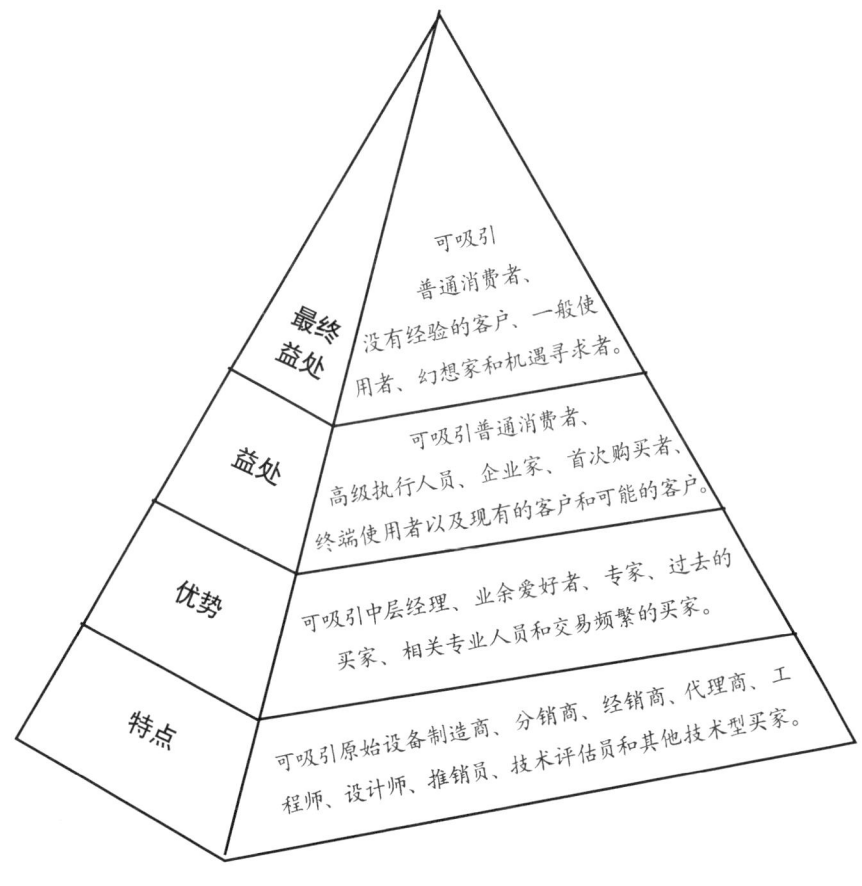

图 6.1 FAB 金字塔

优势就是你的产品有且竞争对手没有的特点，它位于特点之上。为了让消费者对你的产品感兴趣，你必须让产品差异化。再以轮胎为例，我们的轮胎也许是唯一既有全钢子午线又有双层车圈的轮胎。优势的上方是益处，指的是产品的作用和消费者从产品中能得到的价值。回顾轮胎案例，双层钢丝带束层的轮胎提高了车辆行驶时的安全性，或者说在轮胎被尖物刺穿时，车辆在没有备胎的情况下还能继续行驶100英里。

产品描述层次的顶部，就是我所说的终极益处。这个终极益处就是"效益的好处"，其最重要的形式就是产品提升了用户的生活品质。终极益处包括省钱、赚钱、成功、自尊、安全、好运和幸福快乐等。还记得电视上的轮胎广告里一个婴儿坐在轮胎的中间吗？那是在向我们说明产品的最终益处："如果你买我们的轮胎，你的孩子会很安全。"

在B2B营销当中，"降低成本"可能是产品的一个重要益处。而其最终益处则是"使你成为公司的英雄"，这意味着如果你采购我们的产品并实现了它所带来的益处，公司高管将会看到你的出色表现。

为了使你的宣传册更加充实、有深度、更可信，你要同时在四个层面进行产品描述。为什么不只专注于最终益处，因为它们太笼统，不够具体。你要把你的产品和其他带来类似益处的产品区别开来，你需要陈述自己的优势：你的产品和对手的产品有何不同，或者哪些方面更优于他们。大量的营销培训强烈要求你注重于产品益处而非产品特点，但你应该清楚可同时使用二者。

为什么呢？原因很简单：潜在客户是怀疑论者，他们可能会认为你的产品可以实现你承诺的益处，是因为所有类似产品都承诺了相同的益处。当你向大家展示产品一个特定功能的益处，它对潜在客户更有吸引力。比如说，如果你告诉买家你的电脑系统永远不会使他的数据丢失，那客户会怀疑"这怎么可能"？但是，如果你同时说明电脑会将资料自动备份到云终端，你的话就变得更可信了。

产品有缺点？坦诚地说出来！

无论生产计划如何周全，你都不可能产出完美的产品。你的产品具有独特优势的同时，也会存在劣势。毫无疑问，你应该重点突出产品的优势。但是，不要隐藏产品的劣势，因为这一招基本没用——你的竞争对手一定会将它们找出来。你应该将劣势转变为一种有利因素或产品卖点，并从中获益。

这里有个实例：詹姆斯·韦伯·扬（James Webb Young）是一个与哈利大卫（Harry & David）公司同时开始通过快递做水果生意的传奇商人，他讲述了在苹果生长季节发生的一个故事，这件事差点使得他的水果生意毁于一旦。有一次，他的苹果被猛烈的冰雹砸出了坑坑洼洼的伤痕。他担心若将这些受伤的苹果寄给他的邮购买家，他将会收到大量的投诉及退货。但就另一方面而言，若他不能按时交货，就得赔偿所有的订单，同时他的邮购生意也将就此终结。

幸运的是，这些苹果都只是表面受损，它们的味道和新鲜度都没受到影响。于是扬开始将这些受伤的苹果发售出去，并为每个装运箱子都附上了一张预先印好的卡片，内容如下（仅阐述大概内容）：

"请注意一些苹果上的伤痕，这意味着它们生长于高海拔山区，此地区的极寒气候虽容易招致雹暴，但同时也能锁定果实的口感，提高天然糖分含量，使苹果更加香甜。"

据扬所说，后来没有任何买家退货。事实上，许多买家在第二年下订单时都在订货单上注明："如果有的话，请邮寄受伤苹果；没有的话就邮寄常规品种。"

扬的经历证明了一个所有经验丰富的营销人员都通晓的理论：若你能将自身产品的弱点和缺陷如实告知买家，你在收获良好信誉的同时，还能得到高客户忠诚度、高销量及高满意度。

如何运用这项技巧呢？找出一个你们产品或公司存在的弱点，在进行市场营销时坦诚地谈论它，然后向公众阐述为什么这项缺陷不重要，或你将如何克服、解决这项缺陷。

优势、特点和益处哪一个才是重点？

在营销传播中，你应该强调FAB金字塔中的哪几个要素呢？特点？优势？还是益处或者最终益处？哪一个元素最具有促动效果呢？FCB表格（见图6.2）可以帮你找到答案。FCB表格以广告公司命名，后发展为博达大桥广告公司（FCB，Foote Cone & Belding）。该表格基于两个因素准确描述消费者的购买积极性。

第一个因素是介入度：这个购买决定是经过了长时间地思考吗？从图片你可以看出购买一台新照相机是一种高度介入行为。你可能会去实体店、网店上对比价格、性能，还会让朋友做推荐，等等。而为激光打印机买纸张则是低介入行为，无论纸张什么时候用完，你都会随时去商店购买。

第二个因素是情感：购买决定是基于客观逻辑（思考），还是有强烈的情感成分在里面呢（感觉）？一个待嫁新娘购买结婚礼服可以是基于感觉作出购买决定，而当你为自己的电脑买空白CD的时候，则是基于理性思考作出的购买决定。

将购买决定放到FCB表格四象限中的某一格可以测定介入度和情感，它能依次告诉我们在营销文案中该强调FAB的哪一元素。对于一个高度介入、基于感觉的购买行为，比如买一辆新车，我们会把它放在右上方格中。这就意味着营销文案应该强调最终利益再加上一些益处，属性则只占文案的较小部分。

另一方面，购买一台数码相机会是一项高介入、基于思考的行为，因此它会落在左上方格中。在这里,我们的营销文案会强调属性和作用(例如:一个超大的储存器用来储存更多的图片),并提到利益(例如:你可以储存更多孙子的照片向朋友炫耀)。

掌握五大要素,高价也吓不走客户

定价是关乎产品发展前景的一个重要因素。为了吸引新客源,你是否想凭借低价打造一款爆品?强调一下,特价商品通常以成本价甚至低于成本的价格发售,从而吸引新客户。

作为一名企业家兼营销顾问,我对贴现或任何低利润的商业模式都抱有一点偏见。对我而言,只有我所销售的产品要价更高、更有附加价值、最终成交价不错,才能使我感到满足。尤其当你置身服务行业,搞低价竞争只会让你得不偿失。谁想那样?

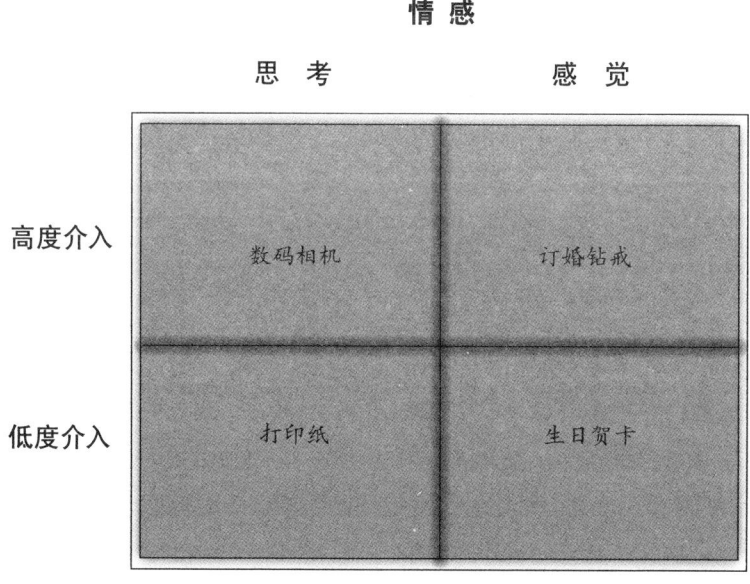

图6.2 FCB 表格

然而，在竞争激烈的社会里，你又如何在产品同质化严重的市场里开疆辟土，博得高价？如果你能把握并升华以下五大因素，你将在任何领域都能定出比同行高的价格，并拥有海量的客户，他们一个个手持现金等着你。

第一大要素就是供需关系。根据简单的经济学原理，当某一产品供不应求时，它就很容易卖出高价。所以，你要做的就是让市场对你的产品有着源源不断的需求。而让自己成为这一领域里首屈一指的专家，就很容易做到这点。一旦被人们视为专家，无论你从事房产税、危险废物清理还是其他工作，人们都会首先想到你。他们挤破头也要聘请你，而非其他默默无闻的竞争对手。

第二个要素是市场细分。经验表示，你的产品针对性越强，回报就越高。专家获得的回报总是比杂家高。如果你是一名营销顾问，那你的竞争对手无处不在，想要提高佣金难上加难。但若你在财会领域精益求精，就会有很多会计花高价从你这里得到专业建议。

第三个要素就是价值。如果你的竞争对手都以 79 美元的价格销售 6 张 CD，而你想把同类有声读物 CD 卖到 6 张 300 美元，那客户为什么一定要买你的呢？你可以搭售一个相关软件程序（例如：若 CD 是关于时间管理的，那可以再添加一个关于个人时间管理软件）。也许，每张 CD 的成本仅 1 美元左右，但是它让客户感觉到这其中的价值 100 美元都不止。仅凭这点，就能让你搭售的产品要价更高。所以在成本不高的情况下，让你的商品拥有高附加值才能定上好价格。

免费这个词，在全世界的销售行业都是最有力的。20 世纪 70 年代末，我就职于西屋公司（Westinghouse）市场部，当时我们有一个秘密武器叫做"垃圾箱"。那上面贴满了广告，最受欢迎的是高尔夫球和高尔夫球钉，上面全都印满了西屋的标志。看到这个"垃圾箱"我的第一想法是："有谁会要这些垃圾？"结果是，没人不要。所以当任何时候

第 6 章 | 没有产品线，煮熟的鸭子也会飞

一名销售员带着高级军官参观工厂的时候（我们最大的客户是军方），毫无意外都是冲着高尔夫球和球钉来的。当时，我那些客户为了平价的小东西络绎不绝地来到西屋公司。有一次，我们给客户发了一封邀请函，请他们光临我们在一个重要贸易展的展位，并许诺届时会免费送他们一个袖扣。结果，为了领取免费袖扣的人多到巨大的展位都容纳不下。

众所周知，人们难以拒绝免费的东西。你为潜在客户提供一份免费的小礼物，就能以最小的花费快速推动营销工作。如果你的潜在客户是一名信息追求者，送一本小册子、一沓白纸、一个专题报告等，足以达到事半功倍的效果。如果他们对文本阅读不感兴趣，那么可以赠送咖啡杯、高尔夫球、T恤衫、高尔夫球帽、卷尺、迷你工具组合、钢笔、钥匙扣、行李牌和计算器等小商品，其花费相当于你为了争取一个新客户的成本。通常，我们免费赠送的小礼物价格不高于10美元。

为增加客户反馈率，你还可以提供感知价值大于成本的溢价品。比如，一张CD就是最好的选择。因为不管是从图像、视频和音频，还是从软件方面来说，CD所具有的功能内容都有非常高的价值。另外，虽然软件中每个程序的售价从19美元到500美元不等或更高，但其复制成本也就几美元。你还可以选择用同样的方式，准备一个1GB的闪存驱动器，它不仅有高感知价值和多项功能，还会被客户重复使用。有一名软件开发者做了一次"轰炸式"促销，把一名著名编辑的照片印在一副扑克牌上。然而，这样做反而拉低了受众的感知价值，因为大家都知道一副CVS扑克牌价值不到99美分。

除了高感知价值这一标准外，还要注重溢价品的独特性。专注于离岸投资的时事通讯《至高社团》（*The Sovereign Society*）为吸引新用户，提供了一个不寻常的海外投资渠道溢价——为用户提供一个专门的瑞士银行账户。显然，它获得了巨大的成功。我建议每位直销商，不论是在争取营销机会，还是在出售邮购商品时都应采用溢价策略——在报

价或订单环节提供一份礼物。这样既能增加客户的感知价值,又能合理地肆意宣传,吸引潜在客户的注意力,从而获得订单增加的机会。

早在多年前,我为《财富》500强企业上商务写作培训课,每天就能拿到3 500美元的报酬,而其他培训师却只能拿到1 500～2 500美元。为了拿到更多的钱,我增加了课程价值——提供一项为期30天的后续免费服务,所有学员都可以在培训后30天内向我免费咨询相关问题。我在销售文件中将这种后续服务标价为1 000美元,从而给了学员们一个高的价值感知。事实上,极少数的培训学员会用到这项服务。所以,我以零博取,几乎没有任何损失。

第四个要素是投资回报率。如果你宣称自己的产品是原创设计,投资回报率会比较可观,因为高价销售似乎是合理的。像顾问杰·亚伯拉罕所言:"如果我给你1美元,你会返给我四分之一吗?"如果能保证你的产品获得25%的投资回报率,那么杰·亚伯拉罕的销售技巧值得借鉴。比如,对于一个高科技恒温器,200美元的价格可能已经很高了,但如果制造商提供安装服务,并证明这一产品将为房主每年节省300到1 000美元不等的电费,那定价再高点也合情合理了。

第五个要素是客户对产品的满意度。这可通过退款保证来实现。退款保证可解决销售阻力:向客户保证你的产品肯定令人满意;若他们不满意,你可以退款。那么无论是什么产品,他们都乐意掏腰包。众所周知,有力的退款保证可以有效消除购买阻力、增加销量。但是当保证出现瑕疵时,问题也会随之而来。最好的保证需要具备以下特点。

◆ 公平

◆ 慷慨

◆ 长期

◆ 无条件

缺失了这四个特点中的任何一个，产品销量就会受到影响。比如，我的大部分客户是报纸及杂志出版社，其中有许多出版社都会提供终身保证：订户可以随时退订，然后根据"未寄出刊物"的比例退款。不过，如果你提供账单付款和订货付款两种付款方式，就会给客户一种激励。想想看：客户以账单付款方式订了一份月刊杂志，刚拿到第一本，然后在发票上写"退订"，出版社既不会把这本杂志的账单寄给他，也不会要回这本杂志。这样一来，客户就得到了一本免费杂志。

但若客户选择预付，然后在收到第一本杂志后退订，那么他得到的退款为总费用的 11/12（11 本未寄出刊物），即他需支付收到的杂志的费用。为什么选择账单付款的客户可以得到一本免费杂志，而选择订货付款的客户不能呢？这样很不公平，道理也讲不通，明明后者比前者更让人满意省心。解决方法就是在前 30 天退订可收到全部退款，其后按比例退款。

提供退款保证会让你取得更多人的信任，同时客户也会从中受益：他得到了一次免费试用产品的机会。大多数人都会合理利用你提供的退款保证。如果你卖的是优质产品，并且在市场中的定位准确，定价合理，其退货率就会很低，很可能不会超过 5%。5% 的退货率表明在 20 个客户当中，仍然有 1 个人会要求退款。这时你要做的就是迅速且心甘情愿地退款。因为当客户相信你能实现退款保证时，只要你表现出一点点的为难、抗拒或不配合，就会使他更加不满。你好不容易建立起来的好名声也会毁于一旦。退货是客户的权利，也是你生意成本损耗的一部分，所以千万不要因此动怒。

现在你们知晓了定价的秘诀：为你的产品增加需求量、以垂直市场为定位目标、增加价值、提供一个好的投资回报率、保证满意度。做到以上五点，即使你的价格比竞争对手高出 50%、100%，甚至更多，客户照样愿意埋单。不过高价有一个风险，产生"标价冲击波"：客户抗议你出的价太高了或直言"我买不起这个"。如果你的客户有此类反应,这就表明他们还不知道你的产品物超所值。即使事先让他们看到了产品的价值所在,如果标价非常高或让他们负担不起,潜在客户还是有可能遭遇"标价冲击波"。

很明显,高价格会降低买卖成交概率。当客户知道商品价格后表现得很吃惊,他们基本上就不打算购买了。作为一名营销人员或销售人员,能避免高价格带给客户的直接冲击,买卖成交概率会大增。

如何避免因为商品价格太高而把客户吓跑呢?一种方法就是在商品旁边摆放价格更贵的类似商品。罗伯特·B.西奥迪尼在他的《影响力》(*Influence*)一书中举了一个例子来解释该怎么做。假如商店想出售标价为 100 美元的毛衣,但又担心这一价格会把客户吓跑。于是,商店在靠近前门的过道上摆了一张桌子,上面放了三沓毛衣。当一名客户走进店里时,她看见第一沓毛衣上的标价 300 美元。"这简直是在剥削,"她会这么想,"我不会买它。"随后她看到了第二沓毛衣,价格为 200 美元。"唔,"她会觉得,"这个便宜点。"接着她顺着桌子看到了第三沓毛衣,价格为 100 美元。这时候,她总算可以舒一口气,因为不用花 200 美元甚至 300 美元去买一件毛衣。100 美元就是她能接受的价格,这有点像一场不可思议的砍价。

另一种有效方法是拆分价格,让客户按月付款。富兰克林·明特专门售卖很有收藏价值的国际象棋,每个棋子上都有手绘的美国内战图案。这些棋子每一枚只需 17.5 美元,富兰克林每个月会寄一枚给买者。对于收藏品购买者来说是不是很划算?但如果把 32 枚棋子价格加起来,总价就为 560 美元。若富兰克林宣称:"内战象棋 560 美元。"你觉得他能卖出多少副?不会很多,对吧?

一开始便告诉客户一个高得离谱的预付价格,然后在客户确定想要的时候说出真实价格,也能避免"价格冲击波"。这是利用高价格的排他性，让人感觉这件商品非同寻常。通常情况下，高价商品会让人觉得物有所值。例如，在一部很老的动画片中有这样一个情节：车展上的一名销售人员对客户说，"如果你一定要知道价格，那是一个你付不起的价格。"

假设你在销售一款一年需投入 2 500 美元的高端金融产品。若你最后才告诉客户这款产品的价格，那你是在冒险。你应该一开始就告诉客户让其觉得不可思议的价格。（例如"本产品只针对专业投资者，一年收费 2 500 美元，如果这个价格让你很吃惊，那它不适合你。"）如果客户在看了第一页之后仍愿意听你的推销词，那就表明他们愿意支付高价格来购买自己认可的高价值产品。

排他性和对势力客户吸引力的运作原理是：越是告诉某人他们买不起这个东西，他就越想要买下这个东西。比较经典的例子就是一封汉克·伯内特（Hank Burnett）写给海军上将伯德社团（Admiral Bird Society）的资金募集信。信中的第二段这样写道："它将花费你 10 000 美元的资金和 26 天的时间。坦白地说，你会觉得有点不舒服，甚至更糟糕。" 一旦读者看到价格并决定继续阅读下去，那么高价格标签很可能上已被去除了。

现金流不稳，就别做一锤子买卖

大多数企业的盈利模式是一次性交易：一手交钱，一手交货。然而，这种模式会让你的现金流与金融安全性不稳定，可持续收入能解决这一问题。可持续收入意味着客户长时间留存，并会在固定时间（比如每月或每年）购买你的产品。以下是一些产生可持续收入的例子。

◆ 订阅。比如订阅杂志、报纸。虽然订阅者并无合同约束，通常每年40%～80%的订阅者会再次订阅。

◆ 保险。客户每月、每季度或每年都要支付保费。

◆ 投资顾问。投资顾问帮你理财，所收年费费率一般为1%。

◆ 很难更换的服务。如果客户想更换服务，提供者会给自己带来不便。比如个人会计师，他掌握客户的所有税务记录和个人财务情况。

◆ 持续使用。有线电视、网站域名、长途电话服务及其他需要持续使用的服务，会给你提供持续现金流。

◆ 网络营销。客户需要交月费来成为网站成员，才能享受到网站提供的特殊服务。

◆ 俱乐部或某些协会的会员。他们的续签比例，一般比报纸杂志的续订比例高出10%。

◆ 维护合同。像中央空调或大型发电机等设备，至少每年要维护一次。客户签订了维护合同，每季度或每年付费才能享受例行检查、维修服务，以及突发状况下的技术支持。

◆ 家庭服务。服务内容包括女佣每周的打扫、每年的白蚁检查及除害等内容。

很多经营者受淡旺季的影响，现金流会忽高忽低，而可持续收入则可避免这一风险。

第 7 章

营销策略,在精不在多

营销要有目标、有方法,可也要有策略。营销策略是达成目标的手段、工具。工具选择不当,我们很难挖掘出隐藏在市场中的巨大"金矿"。在众多的营销策略中,我们又要怎样合理地选择呢?策略越多越好吗?你希望策略给你带来什么样的结果?

现在，是时候确定实施战略的策略了。你想要潜在客户对你的营销活动做出何种行动？为了"诱惑"他们采取你希望的行动，你要向他们传达什么信息？解决了上面两个问题，你才能决定采用哪种策略。

商品销售过程中，很少只用一种策略。在使用策略前，先从你所能实施的策略中选择2~5个最佳策略，并且反复试验确定哪种策略最有效。对于要用上的策略，你应写一份相关说明。这样才能保证你的产品才会被"淹没"。

"引诱"客户做出你期望的行为

策略是你用来实施战略所采取的手段，通过使用一些策略，你可能希望潜在客户：

◆ 到你的网站上获取更多资讯。

◆ 填写一份在线调查。

- ◆ 打电话咨询售货人员。
- ◆ 要求销售人员致电。
- ◆ 关注一场免费网络研讨会。
- ◆ 下载一本免费白皮书。
- ◆ 支持销售会议或是销售演示。
- ◆ 出席一场免费研讨会或者是专题讨论会。
- ◆ 请求免费的产品演示。
- ◆ 体验 30 天的产品免费试用期。
- ◆ 和你的竞争对手作比对。
- ◆ 刷信用卡购物。

问问自己："如果我能与客户沟通，并取得他们的信任。向他们传递什么信息才能鼓励他们做出上述行为？""我能用证据支撑这些信息吗？""证明书、个案研究、感谢信、笔记，或者是其他支持物，对我有吗？"以下提供一些文案撰写的小窍门，可以促成潜在客户做出你期望的行为：

"那又怎么样"测验。著名广告人约翰·达米科（Joan Damico）解释说："如果复查稿件之后，你认为目标读者可能会想'那又怎么样'，请重写，一直写到他们会说：'这就是我想要的，我该如何才能买到手？'诸如此类的话。"代理商凯文·费恩补充道："文案写手应该在读每个句子之后询问自己：'那又怎么样？'这能提高你的稿件质量，使之更加有效。"

凸显关键词。由直销专家鲍勃·哈克（Bob Hacker）和阿克塞尔·安德松（Axel Andersson）所定义的文案关键词有：忧虑、贪婪、自责、排外、愤怒、救赎或是奉承。广告文案写手丹尼·哈奇说："如果你写的文案没有围绕以上一个或者是多个关键词，把它撕掉，重写。"

了解消费者。了解他们的忧虑、需要、信念、看法和欲望。德国伦特罗普出版社的广告文案写手克里斯蒂安·布克说："让自己更有说服力的方法，就是通过邀请一到两个目标群中的人共进晚餐，深入交谈。我会用一通15～40分钟的电话，来取得大量的一手信息；我还会参加目标群体聚集的会议或展览。总之，我会长期接触并融入一些目标人群的私生活里。因此，我能更好地挖掘出他们真实的潜在动机。"

使用日常会话且自然的方式。直销员巴纳比·卡兰说："像你谈话那样来写广告文案；使用通俗易懂的语言来说。写广告文案，就用你所期望的交谈方式去写。"

与时俱进。丹·肯尼迪（Dan Kennedy）在他的《电子营销》（No B.S.Guide to Powerful Presentation）一书中提议说："密切关注新闻热点，恰逢时宜地跟进话题，并在与客户聊天时用上，以此来做广告、发展新客户、寻求媒体宣传。"

以最好的点子作为头条报道。广告文案写手约翰·休梅克说："当我复查文案，尤其是别人的文案时，我发现最有效的点子总被放在最后一行，若把它们移到第一行，效果立马不同。"

利用"重复打击"理论。营销专业人士理查德·佩里说道："如果你想要获得一个重要见解，别太敏感或自作聪明。拿上'打桩机'，打击这个观点一次，然后撤回再来一次，之后重复几遍。这就是重复打击。"

与读者建立信任机制。广告文案写手史提夫·施劳恩说："以我的经历来看，让读者对你产生信任感很重要，如果你无法做到，再多绝妙的文案写作技巧也无法帮到你。"

不要出现"明显的引导"。市场营销人员布莱恩·霍恩斯提说:"像你刚开口和客户聊天那样写文案,还不如像已经处于与客户的交流之中,并简单回应他的陈述那样来写。"比如:"你拥有自己的天赋,只是你还不知道它是什么。""如今,你要坚持自己的梦想。""所以,为什么对你来说减肥很难?"

策略太多?选最接近战略目标的那一个!

营销策略分为多种形式和类型。表 7.1 突出展示了其中一些最常见的策略。谨记,任何策略都应该指向相同的结果。你要选择那些支持市场战略和产品定位的策略。

表 7.1 支持营销战略的常见策略

产品/服务策略
增加附加价值:次日送达服务,专业问题协助咨询服务,安装服务,免费维修服务
推介新的服务,拓展服务深度
推介新的包装以适应特定市场
创造独有的分销渠道
提供包装服务使得包装更具有吸引力
将产品与其附件一起打包
定价策略
试销定价(用低收费来获取新客户,使得他们愿意以低风险的费用尝试服务)
形象定价(用低价吸引以价格为导向的潜在客户;用相对高的价格吸引以价值为导向的潜在客户)
分层定价(依据购买数量分段定价)
捆绑组合价(如果客户也买这件产品,那么两件一起只需××美元)

（续表）

附加价值定价（免费安装，免费培训，免费电子书等）
一次性收费（会员俱乐部一次性收费，向会员开放所有福利）
一口价（例如：土星汽车——最低价格保证）
免运费
包装策略
形象：如何用名片、产品包装、Logo等事物来宣传品牌
示范（午餐学习会样品训练；山姆俱乐部和好市多的餐桌；服装销售员进行时尚走秀）
展示卖点，互动式服务站
客户服务策略
技术支持
灵活的运营时间
退款保证
保证你的估算（例如，最大单为估算的110%）
灵活处理运输时间
无/降低最小额订单
安装费用
信用
更多的付款方式
交流策略
为提供的所有服务设置网站
在所有促销活动中展示网站
撰写文章
新闻稿
公众演说
直递邮件
明信片
电话
网络广告
传统广告

（续表）

黄页
交易会
权威推荐
社交媒体（YouTube、领英、Facebook、推特）
名片
网络
销售员
合资企业，互相推广
分销联盟计划
播客
网络研讨会
电视研讨会
现场研讨会
讲习会
午餐学习会
调查
在线课程
时事通讯
电子杂志
礼品券
竞赛
宣传活动
指示牌
横幅
付费点击广告
谷歌广告联盟
赞助
推销信
案例分析
电子邮件营销

评估每种策略时，你要思考它能否吸引目标受众，特别要考量它如何推动战略向目标迈进。表 7.2 展示了不同的营销渠道占领利基市场时的相对效果。根据对大众或利基市场的适用程度，这些渠道被分成五个（1～5）等级。事实上，一场针对利基市场买家的市场营销活动，其效果取决于媒介渠道，即是否可以通过这一渠道低成本地进入潜在市场。

表 7.2　渠道适用程度

1= 目标宽泛，水平媒体，针对大规模的市场
5= 高度集中，垂直媒体，针对具有专门兴趣的小部分群体

营销渠道	适用程度
报纸广告	1
杂志广告	4
广播广告	1
有线电视广告	4
网络电台	2
地方电台	3
广告牌	1
交通广告	1
画册	5
直投广告	5
明信片	4
宣传与公共关系	3
电话营销	4
贸易展会	4
网站	3
电子邮件营销	5
点击付费广告	4
横幅广告	3
自然搜索	4
电子邮件	4
社交网络	2

几年前，我在一家向医疗团队提供商业服务的公司工作。它们的目标群体是放射科医生，并且能轻易得到医生名单。事实上，我们发现潜在客户并不是医生，而是放射科业务经理。可是，公司的邮件列表中没有任何放射科经理的信息。而且我们还发现有一个小型的贸易协会——放射科业务经理协会（RBMA），专门为我们想进入的市场服务。RBMA 有一份月报，公司在这份出版物中投放了全版广告，获得了很大的收益。因为这些广告针对放射科业务经理的需求和关注点而编写，而且还能让经理们看到。

集客营销 vs. 推广营销：没有最好，只有更适合

集客营销和推广营销谁更好？通过集客营销，潜在客户会主动联系我们。推广营销则要求我们主动、积极地去接触潜在客户（例如写一张明信片，打一通营销电话，发一封电子邮件，或者投放杂志广告）。至于集客和推广营销谁开发潜在客户的效果更好，没有权威答案。如果我们说胜者是前者，是不是意味着集客营销比推广营销能开发出更多的潜在客户呢？

事实并非如此。一种比较好的评判方法是检验两者的营销渠道，并且评估它们在个案基础上开发客户的引导质量。在表 7.3 中，我列出了两者对潜在客户的引导质量和投资回报率（你可能会不认同我的一些选择和评级结果），并以 1 ~ 5 的分数进行打分（1 代表低，5 代表高）。客户引导质量高低，主要取决于你的营销方式能否吸引符合你期望的潜在客户，投资回报率衡量这些客户能否转化成有效订单，获得的收入是否能覆盖你为了获得这些客户所花费的成本。（注意：这些评级是基于我自己三年的经验，带有一定的主观态度，它们不是基于有效的统计研究。）

表 7.3 营销渠道的引导质量和投资回报率

营销渠道	类型	引导质量	投资回报率
文章	集客	4	4
博客	集客	4	3
书籍	集客	5	4
广告函件	推广	3	4
邮件推广	推广	3	5
自然搜寻	集客	3	3
点击付费广告	推广	4	3
公共关系	集客	4	5
印刷广告	推广	4	2
讲座	推广	5	3
社交	集客	4	2
电话销售（境内）	集客	5	4
电话销售（境外）	推广	2	3
电视研讨会	推广	4	4
商业展览	推广	2	2
黄页	推广	5	3
在线会议	推广	4	4
网站	集客	3	3
白页	集客	4	3

针对用自然搜索（当你在谷歌或者其他搜索引擎上搜索信息时）产生的流量来引导潜在客户这一方式，人们产生了巨大的争议。一些营销者想当然地认为，自然搜索可以带来最好的潜在客户。营销者们推断，如果潜在客户正在对要入手的产品进行调查，他们会主

动搜索相关关键词。然而，自然搜索带来的潜在客户的质量依赖于被搜索的关键词。

我们发现，尽管宽泛的关键词（如豪华轿车）会吸引参与早期产品调查的访问者，但他们并不是理想的潜在客户。当使用特殊的关键词搜索（例如在纽约地区销售的林肯轿车），潜在客户更可能作出购买决定。

我没有在表 7.3 中将自然搜索的排名放得太高。因为虽然预期指标显示人们有购买倾向，但并不代表他们最终会从你这里购买。诚然，谷歌搜索的关键词统计也许能够表明用户具备一些品牌忠诚度，但作为一名自由撰稿人，人们在谷歌搜索中搜索"自由撰稿人"这个关键词时，并不会让我感觉良好。当人们搜索撰稿人时，是以"物美价廉"为目标。

反之，营销专家收到的最好的订单，通常来源于特定人群的电话或邮件。因为这类客户通常是慕名而来，他们甚至可能是我们产品的狂热粉丝。而最符合我约稿条件的约稿人，大概是那些读过我的书和文章，或者在讲座、研讨会上听过我的演讲的人。创造并且传播一些关于你的产品的内容，能塑造你的影响力和权威性。因此，你的忠实读者、听众，将会很乐意与你共事。因为在他们心中，你就是权威。

作为撰稿人，我将社交网络排在约稿渠道质量的第四位。

网络总是能带来好的渠道，然而到目前为止，大部分 B2B 企业都在达成社交网络投资回报率的硬性指标上遇到了不小的挫折。有些人声称社交网络的投资回报率必然很高，因为社交网络大多提供的是免费服务。但是，他们显然忽略了时间的投资回报率。美国最大的社会营销学在线杂志《社交媒体评估者》（*Social Media Examiner*）在一项调查中发现，很多人每天要花上 2~4 个小时泡在社交网站上,这将近他们工作时间的一半。

一直以来,直邮都被看做发起市场交流的万能钥匙。10年前,我或许会给这一渠道打4分,因为直邮清单上的目标地有限,我只能选择与自己预想中需求最接近的约稿人。现在,我把直邮的分数下调到了3分。因为后来我发现,如果约稿人需求紧迫,电子邮件或者电话会更合适。若约稿人的需求并不那么紧迫,他们更倾向于向你索要目录、文章摘要或者是手稿。

我给直邮渠道的投资回报率打4分,因为直邮广告经常能带来几千美元的巨额收入。我给电子邮件的引导质量打3分,是因为网络用户对电子邮件有一种天然的不信任,单凭电子邮件很难打动目标客户。我给电子邮件投资回报率打5分是因为它的营销成本非常低,就算成功的订单很少,我们所能获得的收益也是推广成本的很多倍。在购买客户名单时,每一千个账户大概花费200美元甚至更多。而向客户发送电子邮件的花费取决于你使用的服务,有时候每个名字只需要1美分。

我给公共关系的投资回报率打5分,因为它的成本实在是过于微小,以至于任何业务通常都要为公关活动多次支付费用。公关的引导质量达到了4分,因为人们相信用户评论胜于营销文案。总之,在推广营销与集客营销的对比当中,哪一种更好根本无法一概而论。你必须单独评估每个营销渠道的引导质量和投资回报率。

表7.3是一个起点。值得注意的是,每种媒介的引导质量和投资回报率在不同的行业中存在很大的差异,在不同的公司之间也存在差异。所以我建议先测试它们并跟踪测试结果,以找出最有效的工具。归根结底,集客营销与推广营销谁好谁坏并不重要,重要的是哪一种更适合你。

我认为小企业的销售技术、交易习惯和专业服务,与产品实物截然相反。集客营销的优势在于能收集到更多的合格销售线索。推广营销最常用的方式是打陌生拜访电话（电话销售）。这样的推销方式可行吗？绝对可以！我私下结识了很多在电话销售方面十分成功的人。

尽管如此，我还是不喜欢电话销售，我很少会推荐它。电话销售的一个缺点是需要一定数量的劳动力。除非你能将你的电话销售业务外包出去，这才是一个可行的选择。顺便一提，电话销售耗时较长，你进行电话销售的每一个小时都是失去赚钱的一个小时。

电话销售的另一个缺点是很枯燥，而且无论如何你都是在打扰别人。如果你的电话得到了百分之十的回应，那么十个电话中有九个人会在电话里直接拒绝你。只是，有些人会很委婉地拒绝你，而有人可能会直接辱骂你。因为你未经请求就打电话给他们，不论他们在做什么都被你打断了。你必须礼貌地接受这些回应。

除了以上缺点，电话销售和其他推广营销方法还存在另外两个缺点。第一个缺点是，它们违背了忙碌医生综合征（busy doctor syndrome）原则。忙碌医生综合征最初是由已故的霍华德·亨森（Howard Shenson）提出，他曾经写了很多关于咨询和研讨会推广方面的著作。忙碌的医生综合征表明，人们宁愿雇用那些他们认为十分忙碌又很成功的人，也不想聘请那些看起来很绝望并且急需要工作的人。如果你是潜在客户，你认为在电话销售员眼里自己会有多忙碌、有多成功？

电话销售和其他推广营销方法的第二个缺点是它会让你在任何方面都处于劣势地位。潜在客户支付溢价的原因通常有三个。

1. 他们想要或者需要你正在销售的产品。
2. 他们感觉你的产品是很珍贵的。

3. 他们认为如果自己不迅速行动，你的产品就会被别人抢购一空。

当你进行电话销售时，第二个和第三个原因都不复存在。毕竟，当你给陌生人打电话时，对方很容易认为你在推销多余的东西。我极力主张你练习被我称为西尔弗法则（Silver Rule）的营销思维。它以我的老朋友皮特·西尔弗（Pete Silver）命名（虽然我不认为事实上它会被称为西尔弗法则），因为西尔弗说："最好是让他们（潜在客户）来找你，而不是你去找他们。"

电话销售和其他推广营销都效果甚微。到底哪种营销方式才符合黄金准则（西尔弗法则）呢？答案是集客营销，即直邮广告、发送电子通讯和电子邮件，就如同你通过培训会和讲座，或给潜在客户阅读的出版物写文章，或通过著书立说来把自己塑造成一个公认的专家一样——让客户知道你，关注你。

当某一天，某人主动来向你咨询时，你就成了主导方——因为是他们来找你，而非你去询问他们。为什么汤姆·彼得斯（Tom Peters）做一个一小时的商业演讲不仅有3万美元的收入，还最终收获了超出其能力范围的商业机会，而其他演讲者却在苦等少于3 000美元（或者更少）酬劳的演讲机会？因为，很多畅销书作家通常都被认为是专家。汤姆之所以能成为一个商业巨贾，是因为他运用了黄金准则而已。这你也能做到。

谁都不抗拒收快递——直邮的复兴

在我的所有营销方案中都有一个策略——直邮。"电子邮件不是更便宜吗？"我的很多同事和读者问，"而且直邮不是早就过时了吗？"你可能也会这样认为。可最近几年直邮正在复兴，现在采用直邮营销的人，得到的回复率正在不断提高。

为什么直邮重获青睐？一个重要原因就是随着纸质和电子出版物地位的此消彼长，直邮逐渐没落，而邮递行业的竞争也变得更小。从 2008 年到 2012 年，美国家庭每周收到的邮寄包裹平均少了 36%。最近，直邮广告撰稿人保罗发现："当食物不足的时候，小鸡们才会饥不择食"。

根据《目标营销》（Target Marketing）杂志调查，70% 的消费者表示会对即时直递邮件作出反馈，56% 的消费者认为纸质营销在所有媒体渠道中最为可靠。

电子出版物正在逐步取代纸质出版物的说法纯属谣言。2014 年，超过 80% 的美国成人表示，在浏览网络信息和阅读杂志中更倾向于后者。相比于电子书，更多的人喜欢纸质书。就连年轻人也普遍偏好纸质出版物——一家名为 JWT（J.Walter Thompson）的广告公司在一篇报告中指出，大约 80% 的千禧一代都觉得纸质出版物比电子出版物让他们觉得更亲切。

"随着电子产品的普及，你或许认为纸质出版物已经灭亡，"数字策划师夏农·麦考伊说，"然而并非如此，当越来越多的公司摒弃了传统传播方式，有形的营销方式，比如直邮，则会更容易让你突出重围、获得成功。"

根据一家名为 Greenhat 的营销策略公司的调查，企业中的电子商务营销人员将 28% 的预算分配给数字营销，21% 的预算分配给传统线下营销。每 5 美元的营销费用中就有 1 美元花在了纸质营销上，所以纸质营销并未灭亡。

还有更多的例证：根据一家名为 Kurt Salmon 的管理咨询公司调查，2014 年广告目录的印刷量达到了 119 亿份。尽管有很多客户为了方便选择上网订货，或者到零售点直接购买产品，但他们同时也享受翻阅目录浏览、查找商品的感觉。此外，广告目录也会提醒客户产品的可靠性和卖家的真实存在，而卖家这一角色一直都被他们所遗忘。

美国直销协会（DMA）表明，根据对客户终身价值的计算，直邮花出每1美元成本，都会带来12美元的回报。这是一种很有盈利能力的营销方式，对于正在向数字化转型的公司来说也不例外。

传统的直邮包裹有多个组件，包括外封套、销售信、小册子、开件注释和回复元素。当你向高端客户销售专业服务时，应将所有组件都打印在同一种颜色的纸张上。奶油色、象牙色和白色是最佳的3种选择。当你向消费者（特别是美国中部的消费者）销售直邮商品时，请确保每个包装元素的颜色都不一样。例如棕色的牛皮纸信封、白色的字母、四色的小册子、淡青色的开件注释、金黄色的订货单……这些颜色的视觉效果很有吸引力，会使收件人忍不住打开并查看邮包内的所有东西。

纸质直邮有一个特征：如果你想要得到一个订单，而不只是一个潜在客户时，长篇大论通常好过简明扼要。例如，为了寻找潜在客户，一名财务顾问计划邀请人们参加他的免费投资培训班。他预期将其中一部分人转化为真正的客户，并聘请了一名自由撰稿人写一份新的广告册。但是，当文章排版时，他发现需要4页而不是2页。当财务顾问把他的4页广告册拿给细分市场投资营销专家看时，专家告诉他："这份广告没用，因为它太长了，人们没时间看你的长篇大论。"可这名顾问仍然把广告册寄了出去。结果证明，它的效果至少是短篇幅广告的两倍。于是，他得出结论："当你决定如何用上百万美元的资产进行投资时，你一定会抽出更多时间来好好阅读长篇广告。"

品牌化营销？也许你玩不转

我们一直讨论的是直接反应式的营销策略，旨在产生一个订单或一个询价。大多数小型企业使用经典的直接反应营销，目标是将潜在客户带到商店、展厅或者某个网站上，我们也认为这是在开发潜在客户。小企业青睐直接反应营销是因为它们能够产生一个有形的、可衡量的结果和可观的投资回报率：你花了 1 000 美元发出几百封邮件，有 30 个人向你询问，其中 10 人成为真实客户，他们的第一个订单平均花费 1 000 美元。你的广告收入便是 10 000 美元，投资回报率高达 10 倍。

品牌化营销广受各类公司的喜爱，它不寻求即时的订单或销售线索。它只是让消费者记住和喜爱一款产品，当他们有需要时就直接购买该产品。大多数国际品牌，如可口可乐、联合航空、丰田和耐克，都是品牌化营销者。

你应该成为品牌化营销者吗？一个字，不。原因有二：首先，它成本太高；其次，即使你能承担得起品牌化广告的费用，也需要在诸多媒体上大量投放才能得到预期的效果。这就是为什么我建议用谷歌关键字广告（Google AdWords）来做营销。假如你出版了一本关于克服失眠的书（价值 20 美元），当你去竞价时，你会发现和"失眠"相关的关键字（例如睡眠、睡不好）价格远远超出了你的预算。因为资产达数十亿美元的制药公司，在销售非处方和处方安眠药时也在与你竞争相同的关键词。他们的营销预算远超过你，可以毫不犹豫地为每个关键字支出 10 美元甚至 20 美元。

大公司会面临另外的挑战：如何在不同层次的市场之间分配资源。是否应该将整个公司、新技术或特定产品放到《财富》杂志的广告页上呢？表 7.4 提供了一些指导。

表 7.4　营销传播职责

	使命	对象	媒体渠道	营销内容
公司	扩大公司影响力	商业大佬、金融大鳄、政府意见领袖、社团组织等	电视、商业出版物、主流报纸	公司的基本优势
业务单元	扩大市场份额	高级决策者、工程师、金融家	行业出版物	产品的类别和功能、服务能力
分支部门	将产品告知给潜在客户	使用者、采购员、能影响采购者的人	垂直媒体、功能出版物	具体的产品和服务

正如你所看到的，在大公司里，市场资源必须按三个层次来分配。顶层是公司的影响力，通过企业品牌来推动公司发展。微软的电视广告往往在品牌和公司实体上对公司发展有促进作用。第二层是在企业的保护伞之下，推动个人业务和公司运营。当我在西屋公司工作时，我负责国防和航空航天产品的市场营销。在此之前，我从未涉及冰箱、交通运输系统或其他任何领域。第三层是某些特定分支，每个部门负责不同的生产线。而西屋公司的国防与航空航天部门（我所属的部门）的工作是制造机用或军用雷达系统。公司做许多别的产品，如 F-16 战机、舰艇、坦克，都是由我们部门的其他人在负责，而我负责雷达这个分支。

行动……阐明你将会使用的策略

让我们回顾一下脊椎按摩营销公司所取得的进步，根据本章所讨论的策略确定营销计划。今年脊椎按摩营销公司的目标为：收入从 15

万美元增加到 20 万美元。为了达到他们的目标，该公司的策略如下：

1. 争取在为推拿人士写文案策划上做到首屈一指，因为该领域还没有人做过。
2. 占领他们办公室 10 公里以内的市场。
3. 增加 15 个全新客户。
4. 使客户的留存率增长至 40%。
5. 通过客户和专家的一对一连接增加收入。
6. 添加一个年中回访服务，以提升服务使用率。

经过认真分析，该公司得出他们起初最有效的策略是：

1. 合资企业和专业推拿技术师相互结合。
2. 线上线下同时宣传。
3. 制订一个完善的参考计划。
4. 直接使用邮件沟通。
5. 直接向脊椎病人群推荐。

现在，选出 3～5 种你将使用的策略方案，并且阐明为什么这些是你最好的选择，给出你的目标和方案。

第 8 章

线上营销的那些"套路"

随着互联网的普及,传统的传播平台、渠道和媒介开始被冷落,网络世界的每一个角落都成了营销从业者的战场。若将线上与线下营销方式、渠道相结合,营销效果会更好。至于具体选择哪些营销渠道和媒介,这其中也大有学问。

在前面几章，我们讨论了如何生存在一个多渠道营销的世界中。这个世界中的广告活动利用线上线下（在线和离线）相结合的战术，让其影响力和效果倍增。现在，让我们来看看一些可以与线下营销结合使用的互联网营销方法。我们将主要关注电子邮件营销、电子新闻通讯、网站、博客和社交媒体。

"躺着赚钱"的秘密

一些低成本线上渠道的出现使我们能够向同一受众群体传递更广泛的信息。营销序列的第一环是策略，即确定每个序列中的核心消息。通常的顺序如下：

- ◆ 与观众建立关系，提供实用的免费礼品。
- ◆ 进一步交流，介绍产品并提供特别优惠，如比较诱人的折扣或免费赠品。
- ◆ 再进一步的交流，带上一种急迫的语气，通常为消费者提供一种他们应该马上采取行动，而不是继续犹豫的原因。
- ◆ 最后努力告诉客户，特别优惠很快就会过期，现在是利用它们的最后机会。

通常，当营销人员将不同的营销渠道整合到序列中时，结果更好。可以在序列中使用的一些营销工具包括：

- ◆ 销售信函
- ◆ 明信片
- ◆ 邮筒
- ◆ 电子邮件
- ◆ 报刊
- ◆ 电话

营销人员在发送直接邮件时喜欢让邮件在大小和设计上看起来完全一样，因为他们觉得这有助于建立品牌的形象。但实际上，潜在客户会误以为这些邮件都是重复寄送的，于是会直接抛弃而不是打开这些邮件。使用信函进行更新和收费的直接营销人员发现，改变外层信封反而能够得到潜在客户更多的回应。这比强调设计的统一性和品牌意识强多了。根据营销专家杰里·琼斯（Jerry Jones）的说法，如今销售大件商品需要的步骤比以往更多。"我们过去通过邮件获得一个销售线索，发送回复包裹，跟进几次就能成功销售。"他说，"如今，如果你不愿意对最初的询问进行15次、20次，甚至30次或更多的跟进，并且使用一切可用的媒介，你在销售这一行根本就混不下去。"

传统企业往往在其序列和其他营销活动中，使用线上线下相结合的战术。而许多互联网企业，大多数只使用线上渠道。互联网营销人员吹嘘他们"躺着赚钱"：每天，钱从他们的网站和登录页面滚滚而来。但是，他们需要花费大量精力准备前期工作，包括构建大型选择性电子列表、开发产品、构建登录页、发送电子简讯和独立电子邮件营销信息、发布在线广告、设置后端系统等。

互联网业务的好处是一旦前期工作完成，它维持运营所需的时间和精力远少于实体店（如图 8.1 所示）。

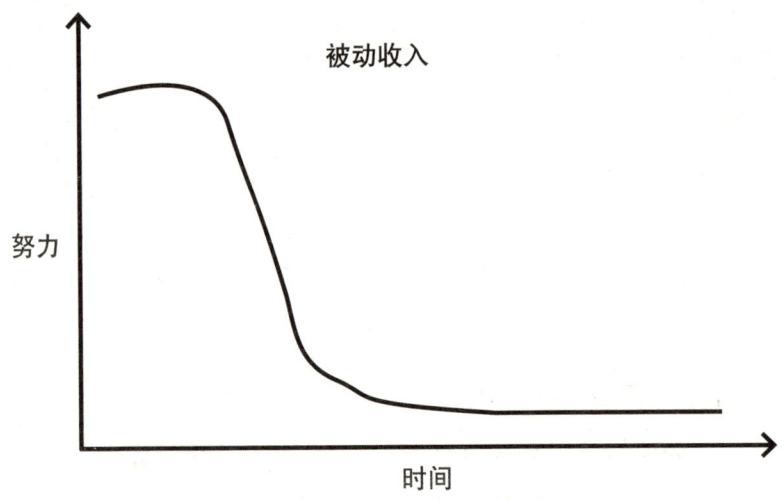

注：互联网企业有很多前期工作，但一旦上线并运行，可以创建多个被动收入流。

图 8.1 被动收入

电子邮件营销：打入那个圈！

电子邮件营销的前景非常可观。我每月要为我的线上业务发出上百万封邮件，它们能给我带来 6 位数的回报。根据 Newsmax 网站的统计，如今发送给潜在客户的邮件转化率从 5% 上升到了 5.9%。随着电子邮件办事效率降低，我非常关注电子邮件营销未来几年的发展趋势。为什么电子邮件营销的态势下降得如此厉害？原因之一是垃圾邮件过滤器的出现。但主要原因可能是我们每天收到的电子邮件供过于求，当你每天收 100 或 200 封邮件时，它们会自动被你忽略。为了保护自己的隐私，许多人会立刻删除来路不明的邮件，你的邮件会被认为是垃圾邮件或者有病毒风险。另外，根据尼尔森（Nielsen）公司[①]的调查，最多只有 16% 的人会定期打开和阅读邮件。

那么，你该如何让人们去阅读并回应你的邮件，最终购买你的产品呢？你要成为电子邮件内部圈的一部分，唯一让你进入这个圈子的办法是去寻找已经在这个圈子的人。

一篇新闻报道指出，市场营销者必须进入一家公司的内部圈子，人们才愿意打开并阅读这家公司的邮件。那么你怎么能够进得去呢？最好的办法是创建有价值的电子杂志，如此一来读者就会重视你的杂志并与你建立良好关系。电子杂志是免费的，只要发送出去你就会获得收益（且没有成本）。例如，《金融日报》（*Financial Times*）每天并不会收取客户的阅览费用，但通过营销积极财经通讯《每日清算》（*Daily Reckoning*），每年能产生大约 2.75 亿美元的收入，而他们的通讯和服务成本都很低。类似的例子还有一些短期简报杂志，他们定期给客户发送日常读物。例如，《计算机世界杂志》（*CW*）每天会在线更新一篇来自杂志上的短文。每天阅读《计算机世界杂志》的短文已经成为许多专业人士工作的一部分，这有助于他们随时获取业界最新动态。

即使你没有推广自己的电子资讯邮件，也可以购买一个短期的在线广告，用你自己的方式进入读者的私人邮箱。另一种方法是定期服务和不断更新资讯。软件用户会打开并阅读来自软件开发商推送的，包括

---

① 尼尔森公司是全球著名的市场调研公司，1923 年由现代市场研究行业的奠基人之一的阿瑟·查尔斯·尼尔森先生创立，总部位于美国纽约。——译者注

技术更新和服务政策的信息。假设客户需要定期接收你的服务和产品信息，那就养成用邮件发送消息的习惯。久而久之，他们会习惯于自发性地阅读你的邮件。所以当你发送一封产品推销邮件，他们也会习惯性地打开并阅读。

客户会重视并且阅读两类邮件：交易确认邮件和账户状态的更新邮件。因此，你可以将推销信息放在常规的订单交易邮件中。亚马逊就是这样做的，它的用户会打开并阅读亚马逊网站推送给他们的邮件。因为用户们会觉得邮件中的内容极有可能是订单消息，所以亚马逊发出去的邮件打开率很高，其推销信息的有效性也较高。

为了打动客户，你也可以通过免费的邮件通知为客户提供最新的资讯。当你给潜在客户发送电子资讯时，可以附带上一些热点资讯。这些资讯必须包含有用的新闻和信息，而不仅仅只是无聊的宣传词。最成功的营销员会在邮件中体现资讯重要性的同时，还不经意地向收件人推销产品和服务。另一个方法是为客户组建一个俱乐部、协会、兴趣爱好在线交流社区或者其他组织。因此，当你的邮件被组织中的一个成员转发出去，你就能很容易知道潜在客户的邮箱。

根据经验，无论你是用上面哪一种方法给你的潜在客户发送邮件，邮件被打开和阅读的机会比传统的邮件推送方式要大。切记，人们会向他们了解、喜欢和信任的人购买东西。当你成为他们的一员，你的潜在客户会喜欢并且信任你给他们发的邮件，你会是他们网络购物卖家中的第一人选。

免费电子杂志，最好的营销工具之一

相信我，电子杂志是一种强大的营销手段。如果你想推销产品或者在互联网上提供服务，那么我强烈地建议你将你的电子杂志免费发给现有客户和潜在客户。理由如下：

第一，一份电子杂志能让你和优质客户保持联系，事实上是和所有的客户保持联系而且零成本。因为电子版的杂志，不需要印刷费和邮费。

第二，通过向潜在的客户提供免费电子杂志，你可以获取他们的电子邮箱的地址，从而添加到你的客户数据库中。然后，你可以零成本向潜在客户推销你的产品。

无论你是附带链接还是直接销售，有两种方式可以将你的产品卖给你的电子杂志订阅者。你可以把含有网站链接的小广告嵌入电子杂志的常见问题一栏中。订阅者通过链接可以查看和订阅你的产品。另外，你还可以向订阅者单独发一封邮件，进而推销某种具体的产品，并附上链接。已出版的电子杂志有很多，其中成功且能盈利的有：约翰·福德（John Forde）的 *Copywriter's Roundtable* (http://copywritersroundtable.com)、保罗·哈图尼安（Paul Hartunian）的 *Million-Dollar Publicity Strategies* (www.hartunian.com)、阿戈拉（Agora）的 *Daily Reckoning* (www.dailyreckoning.com)。没有任何两种杂志是相同的，也没有编写和设计电子杂志的通用模板。我自己的电子杂志——*Direct Response Letter*(www.bly.com) 已经取得完全的成功。

你费尽心思制作了一份电子杂志，人们却花费很少的时间来阅读，然后无情地删除掉。我了解到，大部分的订阅者不会将电子杂志打印出来阅读。因此，我设计了快速阅读模板，让我的订阅者在网上打开杂志的瞬间就开始阅读。在这种模板里，我的电子杂志通常只有 5~7 篇短文，读者只需几分钟就可以把所有的文章看完。你看，这就是我的电子杂志取得成功的原因之一。

搜索引擎优化，找准关键词很重要

据统计，80%的网上购买者会依赖搜索引擎。因此，优化你的网站是有意义的，这会让它在谷歌和其他搜索引擎的排名更靠前。如何才能实现这一目的？"我的建议是为人们写文章，而不是为搜索引擎。"撰稿人戴安娜·赫夫（Dianna Huff）说，"是的，最好在正文中放置正确的关键字。然而，假如你的文章看上去像是冠冕堂皇的'垃圾'，你当然不应该把关键词放在标题标签的开头和页面的标题中。如果你想提高一个网站的排名，你必须优化它，但不是以牺牲营销目标为代价。文章应该是为人写的，而不是搜索引擎。"

"多年来，我发现最有效的策略是在网站页面顶部放置最具有针对性的关键词，像一个反向的金字塔。"营销顾问温迪·蒙思特·奥卡（Wendy Montes de Oca）说，"整个页面的关键词应该是密集型的，可以有一定的重复。但以我对网络爬虫[①]的了解，它们更喜欢有组织的内容。"让我们假设，你现在想要优化自己的网站。首先，你应该确定哪些关键词最适合你的行业，或者你正在寻找的流量。关键词是指潜在客户和网站访问者在寻找相关产品时所输入的字段。因此，你要考虑他们可能用来描述你的产品的一些单词和短语。

这是一些关于选择关键词的补充提示：

- ◆ 使用复数关键词，但避免过度重复。
- ◆ 拼错的关键词，如果拼写错误是常见的，例如，DIRECTV（数字卫星电视服务）经常被称为Direct TV（电视直销）。

---

① 网络爬虫（又被称为网页蜘蛛、网络机器人，在 FOAF 社区中间，更经常被称为网页追逐者），是一种按照一定的规则，自动地抓取万维网信息的程序或者脚本。另外一些不常使用的名字还有蚂蚁、自动索引、模拟程序或者蠕虫。——译者注

如果你的名字总是被拼错，那就把错误的也概括进去。

◆ 不要一直使用明显的关键词。包括搜索数量可能会更少，但搜索结果较高的短语。

◆ 不要让你的关键词组合超过 1 000 个字符。关键词越少，它们的影响越大。

有许多工具比如 Wordtracker 能帮你找到所有与你的产品相关的关键词，他们同样提供了 30 天的退款保证。WordStream 有一个免费的关键字搜索工具：www.wordstream.com/keywords。

下一步，基于关键词在你网站的所有网页上创建元标签。即你的网站上以 HTML 代码编写的描述性文本在你的网页上并不显示出来，但是搜索引擎可以读取并找到它们。在创建元标签之前，最好先看看你的同行和竞争对手的元标签。幸运的是，你可以十分轻松地打开一个窗口，并浏览任何你访问的网站的元标签——从浏览器的工具栏中选择"查看"菜单，然后选择"来源"，你可以读取的 HTML 文本形式将在另一个窗口打开。最重要的元标签，位于页面顶端的 <head> 和 </head> 代码之间。

如果你正在创建自己的网站，那么基于你所选择的软件，元标签就是放上关键词的地方。从营销的角度来看，关键的元标签就是标题、描述和关键词。这些标签决定了你的网站能被多少网民看到、访问。没有在页面标题中放置战略性的关键词，通常是网站排名靠后的主要原因之一。

标题标签就是当浏览者访问你的网站时，在页面顶部看见的文字，以及他们将会在书签列表中看见的文字。所以，请确认每一页面有一个对你和访问者而言都有意义的标题。标题标签最多可以有 95 个字符（包括空格在内），但最好不要超过六七个单词。描述性标签也很重要。当你的网站出现在搜索引擎的结果中时，描述性标签通常是决定人们是否点开链接的开场白。描述，应该是简单回答"你是干什么的"这一问题。例如："XYZ设计提供具有创造性的平面设计、艺术指导和营销通信的项目管理。"算上空格字符，描述性标签最多应该有220个字符。

你可以使用Good Keywords (www.goodkeywords.com) 作为元标签创建工具，继续将你所需的关键词添加到软件中可用的"基本关键词"字段。一旦完成，一个简单的点击就能为你所需的关键词创建元标签，并可以粘贴到HTML文本中。在你网站的每一个页面，写上你所能写出的最好文字，并将关键词插入文字之中。

无论你在哪里，尽可能频繁地更新其内容。如果插入关键词影响了网站风格，那就不要这样做。

让你的网站在谷歌搜索结果中的排名更靠前

关于提高网站在搜素结果中的排名，搜索引擎优化专家唐·考夫曼（Don Kaufmann）给出了这些优化建议：

- 经常更新内容。当你的网站内容经常更新时谷歌对其排名更高。
- 将你的站点列在你所属行业的顶级利基名录和子名录中。
- 使用更长的文字，每个网页至少250个字。
- 上传在线视频，自从收购了YouTube，谷歌将更多的排名重点放在视频上。
- 增加可信的图标，可以从行业协会图标和美国商业改善局的图标开始。

五个方法，构建更全的邮件列表

为了节省营销费用，很多营销员想要从传统的直邮和报纸新闻简讯转移到通讯市场和电子新闻简讯。但是，如果你想要使自己的线上项目一路攀爬而上，就应该开始建立一个大型的入选客户和潜在客户电子列表。

为什么？因为如果没有一个有意义的网络家庭文件（被选入的用户名单），你只能花费高价租借其他营销员的选入电子列表来获取利基市场的潜在客户。每当你想要向潜在客户发送新的信息时，就不得不付出数百美元的代价，去再次租借这个列表。

一些营销人员购买的数据库中包括了企业型潜在客户的电子邮件地址。如果你能主动从冗长的电子商务名单中提炼出精选目标，并发送一些目的性邮件，那这是明智的做法。但是，如果你向非名单上的非潜在客户发送邮件，基本上属于自找麻烦。

虽然《反垃圾邮件法》（*The CAN/SPAM Act*）并没有禁止任何人向非潜在客户发送邮件，但是它定义了什么是垃圾邮件。非潜在客户更容易对你的邮件执行垃圾邮件投诉，而且也不太可能会购买你的产品。所以，最好的策略是建立属于自己的客户电子邮件名单。这样做不仅可以省掉购买名单的费用，还能防止垃圾邮件投诉，降低你邮件的投诉率。

一旦你拥有了一张覆盖了一定规模目标市场的电子邮件名单，你就能以最小的代价与现有客户和潜在客户交流。同时也能让你摆脱对费用较高的直邮、纸媒和其他线下促销方式的过度依赖。总之，拥有一份长长的许可式电子邮件列表（opt-in e-list），可以减少营销成本，提高引导质量和投资回报率。

下面五个方法，可以帮你在自己的领域建立一张合格而利益可观的许可式电子邮件列表。

1. 将你的部分在线营销预算专门用于邮件列表的建设。

你构建许可式电子邮件列表的费用,至少应该占在线营销预算的20%。这意味着你要挖掘出市场中尚未成为你的订阅者的合格潜在客户。有许多在线营销工具可用于构建邮件列表,包括点击付费广告、明信片营销、横幅广告、视频营销、病毒性营销、商业性出版物广告、在线文章营销、关联营销和社交媒体等。

大多数营销人员将流量导向其网站首页,或者特定的目标网页(例如免费网络研讨会注册,免费白皮书下载)。然而,他们导到这些网页的很多流量是已经存在于邮件列表上的现有客户和潜在客户。

2. 计算你为获取每个新用户最大可接受成本。

你必须权衡获取新列表的成本及价值。要确定它们的价值,请将你的在线订阅列表所产生的年度总收入,除以该列表上的人数。例如,如果你的2万名在线订阅用户年消费额为60万美元,那你的每个订阅者的价值每年为30美元。你愿意花多少钱来购买一个年价值为30美元的客户的邮件地址?如果不确定,使用这个经验法则:构建列表的成本最好能在3~6个月内收回。因此,如果你的订阅者每年带来30美元的价值,你可以最高花费15美元获取一个新的订阅者。

3. 发布免费电子简讯。

如前所述,与潜在客户进行定期沟通的最佳方法是发布与其兴趣一致,且与你的产品相关的主题免费电子简讯。这能为你的在线营销工作带来两个益处:首先,它为你建立邮件列表提供了免费的名单——每个电子简讯订阅者都可能成为列表上的一员;其次,确保你定期与订阅者沟通,这能够巩固你与在线潜在客户的关系,同时增加品牌曝光率和在线营销机会。

4. 建立一个"免费名称挤压页面"。

互联网上有大量的免费电子简讯正在吸引用户的目光,因此你的免费电子简讯上仅有一个简单的注册框是不够的。你应该提供诱饵——一份免费的 PDF 特别报告，访客可以下载这份 PDF 文件，前提是输入自己的邮箱地址。例如，你主要销售一款供应链管理软件，并发布名为《战略 SCM 合作伙伴》的电子简讯。那么，你可以将一个名为《改善企业供应链管理的七个步骤》的文件作为新订阅者的溢价。

你要将流量导向一个特殊的"免费名称挤压页面"，即突出显示此服务的登录页。我们称之为"名称挤压页面"，因为它从网页流量中为你的列表提取或"挤压"出新的名字。

"免费"意味着你要提供免费内容（报告）作为诱饵，能让访问者接受你的免费服务（电子简讯订阅）。有关免费名称挤压页面的示例，请访问 www.bly.com/reports。

5. 获取不购买、不订阅或不注册的网站访问者的电子邮件地址。

对于那些不购买产品、不下载演示文件、不订阅免费简讯或不采取任何操作的网站访问者，你要设置一个或多个机制以获得他们的电子邮件地址。如果你不积极获取尚未注册网站的访问者的电子邮件地址，就等于是放飞了煮熟的鸭子。

下一小节我们将分享一些获取更多电子邮件地址的方法。

来了，就留下电子邮件地址

你是否曾因为想了解自己感兴趣的商品而访问过某个网站或登录页面，最后却放弃了购买？我相信你一定这样做过，我也不例外。下次发生这种事时，请留意当你点击离开网站时会发生什么。如果你直接关闭了网页，而没有弹出任何互动选项，那么你目睹了最常见的在线营销错误：网站没有获取到你的电子邮件地址。

获取网页访问者的电子邮件地址，主要有两个益处。首先，你可以向这些访问者发送在线材料，如自动回复程序发送的一系列后续电子邮件。这些材料为你创造了额外的机会，说服这些潜在客户进行购买，并大幅提高整体的销售转化率。登录页的销售转化率可能只有1%～5%，添加了一系列跟进电子邮件后，转化率可以提高到10%、20%，甚至更高。其次，电子邮件营销的最佳对象就是你邮件列表上的潜在客户。

所以，越快构建一个容量巨大的邮件列表，你的互联网营销业务将越有利可图。营销专家弗雷德·格里克（Fred Gleeck）估计，在线销售信息产品的小型企业每个月从列表中的每个客户身上可获取10美分至1美元的收入，其他行业可能有所差异。因此，一个拥有5万个名字的邮件列表，每年可以在线产生60万美元甚至更高的收入。据我估算，Agora金融公司在线销售额每年超过1亿美元，他们的邮件列表上大约有50万个客户，每个客户每月带来的收入高达16.70美元。惠普公司的电子简讯拥有450万订阅者，每月会带来6 000万美元的销售额。

那么，如何最大限度地获得网站访问者的电子邮件地址？对于那些购买东西的人，你可以要求他们在交易页面上输入自己的电子邮件地址，以完成他们的订单。那些访问了页面，但放弃了购买的人呢？使用"弹出"窗口——当访问者在不进行购买的情况下点击离开网页，窗口就马上弹出来："等等！不要离开！"并提供一项吸引人的免费内容。通常，这些免费内容是可下载的PDF报告，通过自动回复器发送的电子课程或电子简讯。

如果你想更具体地了解这一机制，请访问我的网站www.becomeaninstantguru.com，然后不要下订单购买任何东西，直接点击离开。除非你有一个弹出窗口阻止程序，否则你会看到一个弹出窗口：为你免费提供一份价值29美元的50页特别报告。作为交换，我需要的是你的电子邮件地址。

某些营销人员为了得到访问者的电子邮件地址，直接在登录页上提供免费内容（通常位于侧边栏中）。这种方法存在一个问题，它给予潜在客户一个二选一的选项：要么购买商品，要么不购买商品但得到免费优惠品。这样一来，就产生了人们为了获得免费优惠品而放弃购买商品的风险。

弹出式窗口的最大优点是访问者只有在点击离开时，才会看到它。因此，免费提供的内容不会与网站的付费商品抢夺访问者的注意。任何时候，如果你创建的销售网页（或网站），没有弹出式窗口或其他用于获取未购买者电子邮件地址的机制，你就等于放弃了飞到嘴边的鸭子。

三步计划：把博客打造成一个推广平台

想要用博客推销自己、推销业务、推销书籍或其他产品，一个简单的"三步走"计划是关键。下面回顾一下罗杰·C. 帕克（Roger C. Parker）更新"出版且盈利的作家"日常博客的过程。（网址：http://blog.publishedandprofitable.com）

第一步：确定发布频率

请先问一下自己："我一周发布几次博客？"正确的答案往往取决于个人的市场目标、博客撰写者的能力以及投入的时间。如果你的目标是即刻获得认知度和曝光度，那么频率越高越好。

有些营销者一周发布一次博客，罗杰一周发两次。然而，比起博客数量，博客的持续性及可预测性更重要。你需要将发布博客列入每周日程表，使它成为你日常生活的一部分，同时也要让市场（或读者）对新的博客内容有所期待。

第二步：固定每周发博客的具体时间

"我计划一周发两次博客，绝不食言！"这样的普通声明是对失败发出的邀请函，成功博客在于作出以下承诺。

- 我计划每周四发一次博客。
- 我计划每周二和周五各发一次博客。
- 我计划每个工作日都发博客。

把发博客的具体时间固定下来，能将"目标"转换为可估量的任务，提高自己的行动力。同时，这也限定了发布博客的最后期限。举例来说，假如你承诺在每周二和周四发布博客，那么你就需要在周一和周三就开始动手写了（提前一天着手准备可以保证博客按时发布）。

第三步：确定具体的博客主题

确认具体的博客主题是"三步走"计划的最后一步。你需要每周更新主题，并把主题计划发布出来。以下是罗杰发布"出版并盈利"博客的流程。

星期一：发布一个关于主题计划的帖子。
星期二：发步有关写作技巧的博客。
星期三：介绍一个对互联网营销专家有用的推广主题。
星期四：写有关盈利建议的文章。
星期五：宣告即将举行的活动。

你的计划并非一定要如此紧凑，但一定要承诺每周会在固定的时间发布特定的主题。这样做不仅可以为活动发布留出时间，还能让你的大脑做下意识的准备。当你在做其他的事，比如开车或者睡觉时，你的大脑会下意识地蹦出一些想法，为接下来的博客文章寻找可行的主题。总之，这个"三步走"计划可以帮助你建立一个平台，为你偶尔发布的"新"的博客内容，或者将到来的活动、新产品和服务宣传铺路。

第 9 章

你的营销策略真的有效吗？

为了达成自己设定的营销目标，创造更好的业绩，你肯定采用了一个又一个的营销策略。对于这些策略，若不能进行合理地评估，确保其有效性，则会影响整个营销计划。那么，你知道从哪些方面进行评估吗？你选择的营销策略值得一直用下去吗？

在采用了一系列策略后,你需要让结果告诉你它们是否有效。表9.1总结了你可能需要跟踪和评估的一些主要营销策略。

是否建立评估机制,决定了你的营销计划究竟是纸上谈兵,还是可以持续保持在你的目标轨道之上。但是,你究竟应该评估什么呢?这取决于哪些因素能够反映你的业务成败。你需要识别关键指标,这些关键指标应始终与你的目标保持一致。

你可以使用表9.1跟踪和比较各种营销传播方法的相对有效性和效用。左侧的第一列是你正在使用的各种媒体,右列中按1到5的等级对每个交流工具进行了排名(1=坏,5=好)。

在表中,我们以工业制造商的CAST分析为示例。如你所见,他们衡量营销工具的指标包括了生成销售线索的能力、每次联系的成本,以及该工具是否导致无效工作。

你要判断哪些数据能够反映你的工作情况,然后估算每个数据的理想值。例如,每个销售线索的成本至关重要,上表中的哪些工具在产生销售线索中得5分或4分?如果你最好的工具,每生成1个销售线索的成本是50美元,你的业务模式是否允许你以这种成本赚取利润?如果不允许,你必须继续测试性价比最高的销售线索生成工具。

表9.1 各种营销传播方法对比分析

	影响或印象	客户规模	每次联系成本	销售线索	信息控制	灵活性	时间控制	重复接触	响应速度	信用值	达成交易
销售代表	5	2	1	3	4	5	5	2	5	5	5
媒体广告	4	5	4	4	5	1	3	5	2	4	2
参考出版物	2	4	4	3	5	1	3	3	1	2	1
公共关系/宣传	3	5	5	5	2	1	1	4	2	5	1
展览/贸易展览	5	2	2	2	4	5	1	2	5	5	5
商品目录/推销资料	3	3	3	2	5	2	2	3	2	4	3
直邮	4	4	3	5	5	3	3	4	3	3	3
电话销售	2	3	2	3	4	5	5	2	5	3	2
电子邮件	2	3	4	4	4	4	4	4	4	2	2
社交媒体	3	5	5	1	3	3	3	3	3	3	1
博客	3	2	3	2	3	3	3	3	3	3	1
网站	3	3	4	3	4	3	2	3	3	3	3
信息图表	4	2	2	2	3	2	2	3	2	3	2
在线广告	2	4	3	4	4	4	4	4	4	2	2
登录页	2	2	3	5	4	3	3	3	3	3	4
网络研讨会	4	2	3	4	4	4	4	2	3	4	4

从最能反映成败的数据下手

要评估营销结果,你要选择最能反映策略成败的数据,常见数据包括以下内容。

- ◆ 收入。
- ◆ 查询数目。
- ◆ 订单数量。
- ◆ 平均订单规模。
- ◆ 费用。
- ◆ 盈亏平衡销售。
- ◆ 现金流量。
- ◆ 应收账款(预计流入的资金)。
- ◆ 应付账款(你承诺用于商品或服务的资金,必须支付)。
- ◆ 平均收集天数(表示获得付款需要多长时间)。
- ◆ 新客户。
- ◆ 客户留存率。
- ◆ 销售额增长。
- ◆ 获得客户或进行销售的成本。
- ◆ 客户端的生命周期价值。
- ◆ 宣传费用。
- ◆ 电子邮件的点击率。
- ◆ 在线兑换率。
- ◆ 网站流量。
- ◆ 页面视图。
- ◆ 邮件列表增长。

- 资产价值变动。
- 负债。
- 债务资产比率。
- 净年收入。
- 年总收入。
- 利润率。
- 市场份额。
- 客户反馈和你的服务评级。

2013年，麦肯锡对250多宗交易进行了分析。分析结果表明，在市场营销和销售策略中注重分析数据的公司的投资回报率提高了15%~20%。以全球年度营销支出为1万亿美元算，这相当于增加了1 500亿~2 000亿美元的附加值。

不管你是在网上出售产品还是提供服务，从跟进潜在客户到达成交易，这个过程中最重要的是要清楚你的销售策略和沟通技巧是否有效。你可以使用谷歌分析（Google Analytics）得知客户的来源，也许有的是通过媒体联系，有的是通过有针对性的群发邮件联系，老客户则是通过手机信息联系。

在这些数据里，谷歌分析可以提供如下信息：

- 访客数量，包括第一次的访客和回访的客户。
- 页面视图。
- 访客进入网站的联系方式。
- 访客在网站上停留的平均时间以及浏览页面的数量。
- 反馈率，或者访客只是打开一个页面就立即离开的比例。
- 访客使用的工具，比如手机或者电脑。

- ◆ 访客的明确地理信息，比如所在城市、洲还有所在国家。
- ◆ 更多其他信息。

高效率的谷歌分析，能够从登录页面追踪到客户的信息，告诉你客户是直接从登录页面进入购物车然后买下了商品，还是瞄一眼后直接离开了。如果客户点击了购物车，但是没有下单付款，这表明客户认为商品价格太高了。然而，正如之前所说，在客户离开购物车页面的时候，你可以设置自动弹出窗口从而抓住新客户。

了不起的大数据

大数据是营销学领域一个比较新颖的概念，其技术上的定义是一组庞大、复杂、计算机难以处理的数据集合。将大数据运用于营销学，意味着营销者能通过大量分析数据更好地了解客户的需求，作出正确的市场决策。对于直销者来说，他们要掌握的关键技能是将庞大的数据所蕴含的信息转化为可行的市场决策。

实际上，大数据无须"大"到百万兆字节。对数据拥有者而言，任何无法轻易分析并转化为有意义的想法，都可称之为大数据。

例如，专注直销服务的 Trident 市场营销公司在 2012 年就建立起数据库，利用内部数据库和外部资源收集成千上万的数据点，再运用一种统计方法确定哪种客户最可能在何时购买哪一种产品。四年多以来，该公司的销售额增长了 10 倍，营销成本降低了 30%。

在 2013 年，T-Mobile 电信公司通过他们用于与客户交易和互动的 IT 结构，将数据汇集起来。该公司的报告显示，将这些数据与客户关系管理系统和计费系统的交易数据综合利用，仅一个季度客户转网率就减少了一半。

比起成本，你更应该关注收益率

每周，我都会收到至少一封询问"什么才算是良好的直邮广告回复率"的邮件。在某种意义上，这其实是一个毫无意义，甚至荒谬的问题。因为唯一在理而又可靠的回答往往是"依情况而定"。

那究竟依何种情况呢？——产品、市场营销、邮寄列表、要约、价格、经济状况、术语、担或邮寄成本，乃至直邮当天的晚报消息。我通常会反问这些提问者："那么你们的营销目标是什么呢？"其潜台词是："你们是否指望投递出去的广告能赚取高额利润——即投入 500 美元的邮寄费用便可赢来 1 000 美元、2 000 美元或 3 000 美元的销售额？"

许多小型企业一直期盼着直邮广告能带来高收益率（这里的收益率指促销成本与此成本所带来的销售额之比）。而传统的直邮广告营销商，尤其是大型营销商，通常希望能按成本价吸引新客户。我说的吸引新客户是指和邮件列表上的客户签订首笔交易；而按成本价指的是公司并未在首笔交易中获利（如前所述，1 万美元的邮寄成本换取了 1 万美元的销售额）。他们深知一旦拥有新客户，只要向其销售附加产品，自己就能获利。

因此无论你的目标是以收支平衡的方式获取新客户，还是其他，你都得知道保持收支平衡所需的回复率。若你每条广告的总收益是 70 美元，且邮寄 1 000 条广告的成本是 700 美元，那么你需要 10 个订单来平衡收支，即 1% 的回复率。

产品总收益等于销售价格减去成本。若产品销售价格是 80 美元，成本是 10 美元，那么利润就是 70 美元。这其中诚然还有其他成本。但为谋求自身利益，我相信你会向客户收取额外费用。计算直邮广告费用涉及四项开支：邮寄名单购买费、邮费、印刷费及信件公司。这些开支能确保邮件安全抵达邮局，属于常规成本。

我常被问及"支付给文案和设计师的费用"的问题，它们属于一次性收费且通常不纳入收支平衡的计算当中。与其亲自为你计算，我更愿意推荐一款能执行保本预测的免费网上计算工具：www.dmresponsecalculator.com。

此外，有很多人问我："听说直邮的平均回复率是2%，可这是真的吗？"——这从来都不是真的。2%曾是推广杂志订阅的直邮平均回复率，其他产品和要约的回复率略有不同。比如，研讨会推广的回复率通常是0.25%~0.5%，有时候会低至0.1%。时至今日，回复率总体呈下降趋势。某融资顾问透露，非营利领域直邮广告的平均回复率曾经是3%，但现在不到1%。其原因在于人们每天都要面对大量的推广邮件，商家获取受众注意力变得更为困难。

你选择的营销媒体决定了开展一场营销活动的费用。博客和社交网络几乎是免费的，相比之下电视广告和直邮广告就相当贵了。事实上，所有有效的营销渠道要么对时间有要求，要么对资金有要求。当然，你不需要两者兼有。如果你没什么时间但是有足够的资金，可以通过买广告实现自己的目标。

反之，若你预算很少但是乐意花时间和努力，同样可以凭借小成本营销产品。尽管在营销媒体上投入的资金少，但是投资你的时间仍然可以很好地实施营销计划。时间可是比金钱更有价值、更无法替代的资源：钱是赚不完的，但是时间一旦逝去，就再也找不回来了。

我通常用投入时间回报率（ROTI）来衡量社会化媒体、博客、演讲和其他时间密集型的营销方法，即用活动的总小时数乘以每小时的支出，然后与营销活动中的总收入相比较。

如果活动中花费时间的价值大于销售产生的价值，意味着资源耗尽，投入回报率为负。但是，如果由营销活动带来的客户、合约、订单的价值是时间价值的很多倍，此时回报率为正且可以继续上升。

举个例子，我的同事花了 10 个小时写了一篇时事分析的博客，引起了大量讨论，创造了很高的点击率。她觉得自己成功了。但是到目前为止，阅读者中并没有人聘用她或向她买什么。如果她的时间值 150 美元 1 小时，那么这篇博客的时间价值为 1 500 美元。但是她的收入为零。在我看来，这意味着她所有的努力都没有价值。我觉得她可以用这些时间来做更多可以赚钱的事情。

也许她并不在意时间投入回报率，因为博客可以带来金钱以外的好处，比如：她的观点得到了关注，她确立了自己在相关领域思想领袖的身份，博客订阅数大量增加，推特"粉丝"也增加了。这些都是软性回报，也就是产生的订单、销售、收入以外的回报。

我不否定软性回报带来的价值，它们同样是有益的。但是，如果一个时间密集的营销活动的回报率很低，你仍需要考虑一下是否还要花费时间和精力去做它。

衡量网站度量——流量都去哪儿了？

开氏温标的发明者开尔文男爵（Lord Kelvin）说过："如果你能评估某样东西，并用数字表达出来，你就能了解关于它的一些事情。"网站度量是一些数字，这些数字能让你知道关于你的网站效能、ROMD 和 ROT。谷歌分析是测量这些数字最流行的软件。

在互联网发展初期，网站等于在线的销售小册子或广告。商家可以在网页上投放产品信息以帮助公司在市场上定位。现在最成功的网站，就是直接反应营销的线上版。这些网站有具体的营销目标和业务目标，它们的表现和销售情况可以精确测量。

衡量网站度量（网站分析），是评估网站能否带来正回报率和正确服务用户的关键一步。网站分析是通过收集访问者的相关信息，来研

究用户与网站的交互情况。网站工具所收集到的数据会被制成表格并放到具体报告和视觉演示中,以帮助分析师了解网站是否正在实现一组预期的结果。

现今,存在一大批简单或复杂的度量,正在衡量网站营销效果。这些度量包括点击密度分析、访客首要目的、任务完成率、细分用户趋势和渠道分析。其他用于网络度量的技术包括网站流量数据、网站交易数据和网站服务器性能数据。每一个网站度量指标都服务于同一宗旨,即让网站管理员跟踪到他们的网站流量。以下是有关这些技术及其他的更多细节。

点击密度分析(Click Density Analysis)

点击密度分析是一个常见的覆盖全网站的分析工具。它可以帮助你看到访客(visitor)是在点击你想要他们点击的内容,还是点击其他。通过它,你可以观察你的细分客户都在网站上做些什么。

换句话说,如果你将流量细分,你会知道每位访客进入网站时在做什么。你可能会发现,相较于来自雅虎的流量,来自谷歌的流量你需要采取不同的应对措施。

访客首要目的(Visitor Primary Purpose)

大部分网站管理员通过衡量综合浏览量来获知网站的访问量。综合浏览量会告诉我们访客访问网页的次数,但不会告诉我们他们为什么点进网站。

你可以简单地在人们访问最多的主要网页放一个问卷调查,问他们为什么点进网站以及对该网站的建议。询问到的这些信息可以帮你完善销售计划,你越了解网站访客进入网站的原因,你的网站越能迎合他们。不过,这样做也有缺点——如果你试图在网站上卖东西,你问得越多,得到的订单越少。哪怕你问一两个简单的问题也可能会使许多访客在采取预期行动前离开。

任务完成率（Task-Completion Rates）

收集数据时，我们常常会用到网页浏览量，它能告诉我们哪些网页有人看，哪些网页没有人看。但是对网站管理员来说，这远远不够。他们需要知道访客到底有没有在某个页面上进行操作——比如打开"常见问题"的页面并点开链接来查阅条款。这有助于网络管理员知道页面上的内容是否派上用场。购物车撤销率也是一项特别重要的指标：它显示了有多少人在下单前选择了撤销。

用户分层（Segmented Visitor Trends）

在以前，关键数据一旦收集完毕，就无法从中分离出更多有用的数据。可是有时候，我们需要单独拿出特定的数据以进行更彻底的分析。现在，有些供应商能够提供细分出来的数据，比如 Lyris 旗下的 ClickTracks (www.clicktracks.com/products/pro/index.php)。如此一来，我们就能够把想要的信息分离出来并转成可读的格式。

渠道分析（Multichannel-Impact Analysis）

你也许曾在电视、无线广播或广告单等渠道上推广自己的网站。不幸的是，过去这些渠道的推广效果无法被明确地量化出来。如今，你可以使用多渠道影响力分析系统测量不同渠道所产生的流量。通过这种方式，你就能够准确地监控网站流量的来源，并判断出效益最高的那一个推广渠道。

网站流量数据（Web Traffic Data）

所有的网站度量工具中，最有用的、最普遍的大概是网络流量数据。最早的网络流量数据来自网络服务器日志，后来发展成脚本语言代码。对网站管理员来说，流量数据好比一座金矿，里面蕴含了大量有价值的信息，比如：网页的访客数量，发出和接收的字节数量，访问者来自哪一页面，有哪些页面被浏览了，访客的 IP 地址，访问请求发生的日期和时间……

网站交易数据 (Web Transactional Data)

无论何时,网站上一旦发生交易,相关数据就会被记录下来,变成可利用和浏览的数据。这项数据里包括了客户的数量、订单数量、订单的平均金额,以及网站当天的总收益。

网站服务器性能数据 (Web Server Performance Data)

自从互联网普及后,有很多人开始在网上做生意,这既有好处,也有弊端。其好处在于更多的人能够进行在线交易,节省了时间和精力;其弊端在于由此产生的巨大流量会为网站管理员带来沉重的负担。这就是为什么网站性能数据对网站管理员或系统管理员非常重要,他们可以通过数据日志查看流量的情况,并选择合适的行动路径以保证服务器的正常运转,避免网站崩溃。此外,服务器性能数据还包括网站哪部分被浏览过、哪些文件被下载过,以及运行了哪些脚本等信息。

Web 日志 (Web Logs)

在网络刚刚诞生的时期,数据收集的鼻祖是 Web 日志。最初,Web 日志主要用于捕获 Web 服务器生成的错误。随着时间的推移,他们被升级以抓取服务器使用趋势和浏览器类型等信息。当这种情况发生时,Web 日志从技术基础转向了营销基础。

Web 日志的工作方式如下。

- ◆ 访客在浏览器上输入网站网址。
- ◆ Web 服务器接收请求。
- ◆ 接受请求后,Web 日志会为请求创建一个条目,包括页面名称、客户使用的 IP 地址和浏览器,以及访问日期和时间。
- ◆ Web 服务器将请求的网页发送给访客。

Web 日志之所以很受欢迎,是因为它们是最容易访问的数据源。

Web 日志也是捕获并存储机器人（通过互联网运行自动化任务的软件应用程序）的访问与行为的数据捕获机制。此外，当使用 Web 日志时，你就拥有了那些数据。其他 Web 分析工具依靠相关供应商来收集数据。

网络信标（Web Beacon）

网络信标是放置在网页中的 1×1 像素大小的透明 GIF 或 PNG 图片，与 Cookie 结合使用，可以帮助网站管理员了解访问者行为。

网络信标允许网站记录访问者在打开网页时的每个操作。信标是网页的一部分，但因为它是透明的，所以肉眼不可见。网络信标诞生于横幅广告在网络上流行的时期。当消费者访问网站时，横幅广告是吸引他们注意力的主要元素。当访问者看到广告，他们会点击广告并到达指定的页面。该点击行为会被一个工具统计下来。

其他可以记录的信息包括访问网页的 IP 地址，查看页面的时间，用于检索图像的浏览器类型，以及任何用过的 Cookie（由服务器发送到 Web 浏览器的文本包）。Cookie 用于验证、跟踪和维护有关用户的特定信息，例如网站首页选项或其购物车里内容。网络信标的工作方式如下。

- 访客在浏览器上输入网站网址。
- Web 服务器接收请求。
- 服务器发回访客所请求的页面，连同对 1*1 像素图像的请求，然后发送到第三方服务器。
- 当访客的浏览器在加载页面时，它会执行对 1×1 像素图像的调用，该图像将有关页面视图的数据发送回第三方服务器。
- 第三方服务器将图像和可以读取 Cookie 并捕获匿名访问者信息（包括查看的页面、IP 地址、页面查看时间）的代码发送回访客的浏览器。

你可以在电子通讯录或促销电子邮件中使用网络信标，以跟踪邮件打开率和回复率。网络信标的一个优点是它们易于实现，因为其只由几行代码组成。网络信标被优化后不仅可以只收集你想要的数据，还可以同时从多个网站收集数据。

Java Script 标签（Java Script Tags）

Java Script 标签是网站管理员的最爱。许多数据供应商和网站分析工具都需要依靠 Java Script 标签来收集数据。因为它可以收集更多的数据，有助于减轻 Web 服务器的负担。

有了 Java Script 标签，每个网页访问请求被应答时，Web 服务器无须操心数据抓取的事。相关数据会在在其他服务器上被抓取、处理并提供给网站管理员。以下是 Java Script 代码生成的工作原理。

- ◆ 访客在浏览器上输入网站网址。
- ◆ Web 服务器接收请求。
- ◆ Web 服务器返回请求的页面并在页面中附加 Java Script 代码片段。
- ◆ 随着页面的加载，服务器执行 Java Script 代码。这就反过来抓取了页面视图、访问者会话和 Cookie，并将其发送回收集数据的服务器。

Java Script 标签很容易执行，因为它们只涉及放置在网页中的一行代码。如果你没有自己的网络服务器，第三方供应商可以为你提供代码。

使用了 Java Script 标签，你就能掌握自己想要捕获的数据。

数据包嗅探（Packet Sniffing）

从技术角度来看，数据包嗅探是收集数据最复杂的工具之一。其收集的数据包括服务器错误、带宽使用、所有技术以，及页面相关业务数据、密码、名称、地址和信用卡号。简而言之，它可以收集每一个被记录下来的数据，对网络安全产生了威胁。

数据包嗅探已经存在了一段时间，但没有太多的人使用它，因为这需要在不堪重负的 Web 服务器上安装额外的软件。数据包嗅探通过以下 6 个步骤来收集数据。

- 访客在浏览器上输入网站网址。
- 访客的请求被发送到 Web 服务器。在到达其服务器之前，它将先通过收集请求属性的数据包嗅探器，然后被发送回数据包嗅探器。
- 数据包嗅探器将请求发送到 Web 服务器。
- 当 Web 服务器接收到请求时，再通过数据包嗅探器将被请求访问网页发送给访客。
- 数据包嗅探器抓取被请求访问网页的信息，并存储数据。
- 数据包嗅探器将页面发送给访客。

数据包嗅探器可以是安装在 Web 服务器上的一款软件，也可以是安装在数据中心中的一个硬件，它将所有流量重新导回 Web 服务器。

主要度量标准（Key Metrics Measured）

通过追踪度量来评测网站性能的方法有很多种，这里还有一些经常被网站运营商和网站管理员用作分析的数据。

- 独立访问量：每月访问网站的访客总量，并非点击总量。
- 页面浏览量：网站被浏览次数最多的页面。
- 页面：致使访客离开网站的页面。
- 跳出率：从外部流量源(有机搜索、点击付费广告、横幅广告)

中被引导到页面后短暂停留的访客量。这反映了搜索引擎优化不足和精彩内容的缺失。

- 黏性：访客在特定页面或者网站上停留的时长。他们停留得越久，你的品牌或者产品越有可能给他们留下深刻印象。

- 网站入口点：访客进入网页，以及到达交易界面，或者登录界面的途径。

- 关键词句：人们借以访问你网站的关键词句。

- 转化率：来自广告引导的访客量占总访客量的百分比，下载白皮书或者购买商品的行为也包括在内。

- 点击密度：计算页面中每个区域或者模块的点击率（包括链接、图片、文字和空白区域），以此掌握用户关注哪些点区域、忽略哪些区域。

还是让业绩来说话！

总之，当你想对营销策略效果进行量化时，你会开始将实际业绩与预期业绩作比较。其实，你并不只是想知道营销活动是否已经完成，你更想要考核活动成果。换句话说，你需要统计业绩中有效的引导次数，并评估该引导是否带动了销售。

记住，你要试着去评估哪种策略可以设定盈亏底线和带来纯金钱收益。这样一来，你就会想要评估一下公司收入、新客户、合资公司提供的佣金、获取新用户成本的降低，等等。表9.2提供了一个模板，你可以用它来记录由任何类型的促销活动所产生的查询和销售情况。

你可以建立一个简单的系统来监测业绩。首先，你要列出自己需要跟进的数据，然后决定跟进的时间和频率。在那之后，给每一项数据作出一个期望值。另外，为了获取真实数据，你需要列出每项信息的来源。

表9.2 查询＆销售记录表

月 _____ 年 _____
广告或直邮 _____ 代码键（key code）_____
产品 _____ 出价 _____
总成本 _____ 总销售额 _____

日	询问次数	每日总询问	日销售	日总销售
1.				
2.				
3.				
4.				
5.				
6.				
7.				
8.				
9.				
10.				
11.				
12.				
13.				
14.				
15.				
16.				
17.				
18.				
19.				
20.				
21.				
22.				
23.				
24.				

表 9.3 可以很方便地帮你进行数据登记。这份表格的魅力之处在于,当你有需要的时候它便于修改、增添和删除行列。你能在 Excel 表格和 Word 文档中轻松创建类似的表格。每个月的月末,你要将它打印出来并装订到三孔档案夹中以作备份。这样的表格也便于你总结季度业绩。如果你想要一个更加具体化的系统,那就从你的会计那里导入数据或者向你的簿记员咨询。

表 9.3　追踪月度 / 年度数据

目标	策略	战术	数据	成本		产出		使用资源
				期望	实际	期望	实际	
	策略 1	战术 1						
	策略 2	战术 2						
	策略 3	战术 3						

第 10 章

好了，终于可以写下计划了！

在前面几章，你已经确定了愿景、产品和市场定位，选好了营销策略……总之，一份完整的营销计划所需的大部分信息都已经确定下来。剩下的，就是写出一份营销计划，为接下来的市场营销活提供一份路线图。在开始写之前，这里有一些注意事项。

此时，你已经收集了撰写计划所需的大部分信息，剩下的就是把营销计划写出来。这份计划除了为你接下来一年的市场营销提供一份路线图，还可以帮你节省时间。你或许想要分享这个计划（或其中的一部分），基于保密的需要，分享对象限于以下部分或所有人。

- CEO（首席执行官）
- 产品经理
- 销售经理
- 银行家
- 风险投资者
- 私人投资者
- 商业合作伙伴
- 附属机构
- 广告公司
- 营销顾问
- SEO 专家

- 其他供应商
- 员工
- 媒体代表
- 可信赖的朋友和顾问

若你是营销总监,那需要得到 CEO 和其他高层的支持。在传统的组织中,营销往往处于食物链的最底端,营销文案撰写人克莱顿·梅克皮斯指出,常见的企业结构被倒置了,使得市场位于客户之下。他认为市场营销是企业成功的关键,而不是辅助。(见图 10.1)

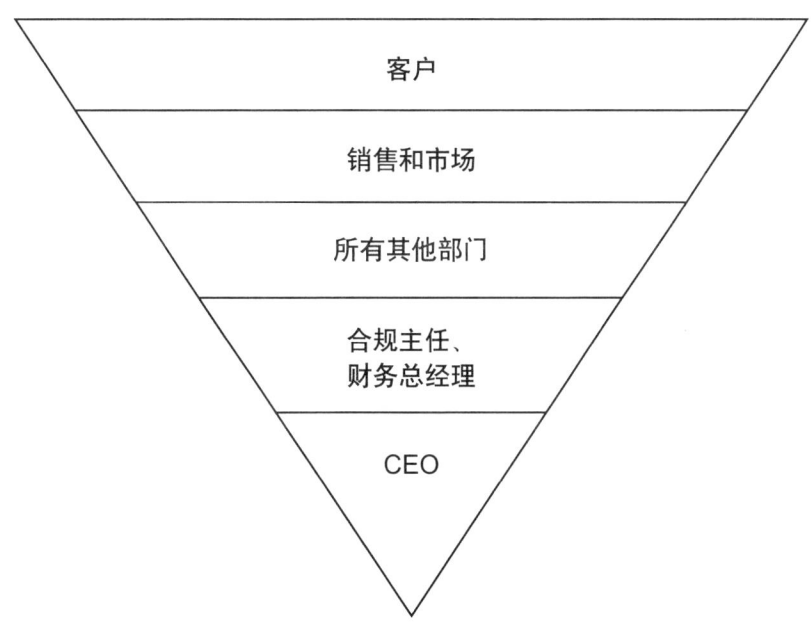

图 10.1 克莱顿的反转公司层级概念

先写下一年的计划吧！

书面计划更容易执行，因为一旦你写下所有（要完成）的事情，日常工作便有了一个指南。你的书面计划将会为每件事设置一个时间节点，这将有助于你督促自己努力向目标靠近。同样，当你发现自己做了无用功时，可以及时作出调整。

首先，你要提醒自己，你要做的是计划如何销售自己的产品。对于大多数企业来说，这是一个多阶段的过程。如表10.1中所示。

表10.1 销售的多个阶段

我该如何尽可能多地吸引潜在客户	邮件、文章、演讲、合资、电子邮件、横幅广告、内容营销、LinkedIn、Pinterset
我该如何获得有效信息？	发送邮件后，可以通过电话回访或其他沟通形式获取有效信息；找出公司业务主要增长点，并阐述它将对销售有何种贡献；阐明自己的工作流程并观察客户是否对我们的服务感兴趣。
我该如何获得与客户的见面机会？	主动致电，并设法获取有效信息。如果交易有强大的双赢效果，尽量主动约见。
我将做什么样的报价来结束销售？	还不确定。
我将如何有效跟进客户，知道对方购买？	建立一个"可触式"的沟通系统，保持与客户进行持续沟通，并确保此方法的内建价值符合预期。
如何跟进并服务新客户，进而实现再次销售？	维护计划，转换计划，接触客户，合资经营，做好调查。

在附录 A 里有一个空白的表格，可以用来区分你自己在每个销售过程中的每个阶段的策略。如果某一阶段的策略不合适，跳过它。但

你的计划中一定要包含一些有用的策略。三年的时间会改变许多事情，所以还是从一年的计划开始吧。

在接下来的一年里，为你想要完成的事情制订一个目标。为完成这个目标，你需要制订相应的策略，并将其中三到五个策略作为重点。现在是时候把你将要采取的行动细节化了。

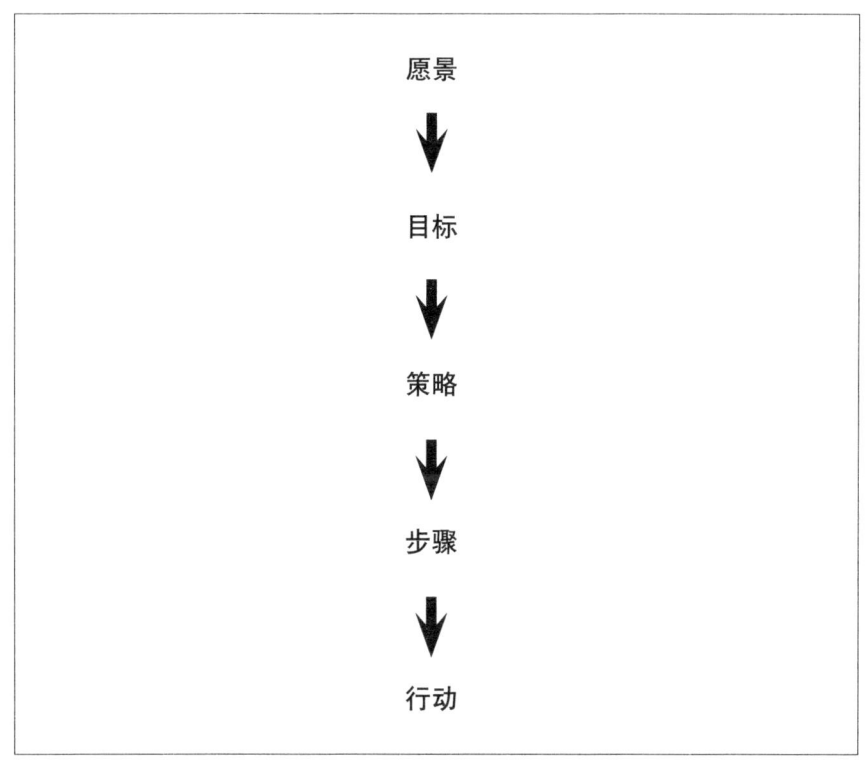

图 10.2　制订一个年度计划的步骤

表 10.2 脊椎按摩营销公司销售过程中的多个阶段

目标	策略	战术	待办事项	截止日期
12月31日前将销售业绩由15万美元提高到20万美元。	在书写脊椎按摩疗法的营销计划方面打响名头，因为该公司的覆盖范围内还没人这样做。	在一年之内根据CMP清单进行4次直邮活动，以建立并培养客户关系。	为直邮活动确定4个关键点。 为每一封邮件增加一些价值，使收件人不仅有阅读的理由，也有保存的理由。 判断按摩师在阅读邮件后做出什么反应。 决定邮件的撰写人和跟进者。	1月15日 4月15日（报税截止后发邮件） 7月15日 9月15日
		营销活动方案。	为线上和线下杂志写文章。 在线下杂志上发表4篇关于脊椎按摩疗法的文章。 将邮件中的文章用于他们的网站和CMP清单。 从1月31日开始写5篇文章发给编辑，此后的每个月都增加一些新文章。 将所有的文章都发表在CMP网站上。 决定是否需要雇一个代笔，如果需要，开始面试合适人选。	4月1日 5月1日 6月1日 10月1日 1月31日 每月底
		与脊椎按摩疗法组谈话。	确定当地脊椎按摩师们所属或关注的网络群。 准备4~5个能吸引我们目标客户的简报。 雇一个虚拟助理。 开始联系组织机构得到一月一次的演说机会。	1月31日 3月1日 3月31日 4月1日

(续表)

		制作强有力的推荐计划。	决定推荐计划需要为CMP做什么;决定该计划怎样让计划者受益;决定为此推荐计划制订日程安排的人该得到什么样的回报;制订推荐计划,将它加入网站和所有直邮中;寻找其他可以提升该计划的机会。	1月31日
	统治办公室10英里范围内的(按摩)市场。	与专门从事按摩机构计划实践指导的教练合作。	决定脊椎按摩营销计划公司希望从与教练的合作中得到什么;决定能使客户受益的合作模式;确定脊椎按摩营销计划公司合作对象的资格和标准;联系我们目标市场以内的每个教练;通过见面,了解他们的方法、工具和结果;讨论双赢合作的可能;如果当地没有好的潜在合作对象,就把搜索范围扩大到整个洛杉矶县;决定如何推广你们的合作团队。	1月~3月
		开发"接触"系统,确保每个月联系一次客户。	列表将每三个月收到一封直邮;开发其他八个月的联系人;决定这八次接触的形式;将列表导入脊椎按摩营销计划公司的网站;每次直邮活动后给客户打电话;在其他月份将文章发送给脊椎按摩师,同时还需提供明信片、营销提示和其他有用的信息等。	1月31日

(续表)

	增加15名新客户。	专注于提高留存率,增加推荐人数以及利用软文和演讲来吸引客户。	与"开发引荐计划""开发客户维护计划",以及医学博士、软文和演讲策略相同;此外,在年内至少举办一次研讨会。	1月~12月
	将客户留存率提升到40%。	开发客户维护计划。	列出审查计划具有哪些好处;为客户提供激;在对方购买服务时立即将其纳入当前客户列表,并在一年内直邮三四次;为引荐人提供优惠。	1月~12月
	通过为客户寻找教练赚取收入。	开发合作计划。	调查客户和潜在客户,看看他们是否会使用这两种服务;找出他们想要什么;决定脊椎按摩营销计划公司想从与教练的合作中得到什么;决定能使客户受益的合作模式;确定脊椎按摩营销计划公司合作对象的资格和标准;联系我们覆盖地区内的每个教练,通过见面了解他们的方法、工具和结果;讨论双赢合作的可能;如果当地没有好的潜在合作对象,就把搜索范围扩大到整个洛杉矶县;决定如何推广的合作团队;制订向客户介绍计划的细节;在培训班和研讨会上推广你们的合作。	1月~3月

(续表)

添加一个年中复审服务,提高服务使用率。	创造服务。	制订年中审查大纲内容；编写计划、定价；撰写直邮信件,与当前客户讨论；客户购买服务时立即向客户提供服务,并在一年内直接邮寄三四次；在直接邮件和接触电话中报价。	1月~12月

如何在购买营销和创意服务时跳过雷区

为了能更好地开展销售活动,你有时需要购买、创意服务。创意服务涉及广告文案、平面设计、内容推广、搜索引擎优化、网页设计、电子邮件推广、公关活动、参展摊位设计、专业广告制作(促销赠品)、幻灯片设计、直邮列表设计、谷歌创意广告推广设计、电子通讯设计等项目。

在购买营销和创意服务时,许多企业家都缺乏经验。花钱请一个次等的营销或创意供应商,或者改变一个绝佳的方案,都会导致一个后果——获得一个次等的方案。企业家收到供应商所提的方案时,第一反应总是"我不喜欢"。然而,你喜欢这个方案与否,并不重要。重要的是这个方案是否可行,是否可以达到你想要的效果。人们赞扬一支广告(比如,认为广告有创意、有美感、娱乐性十足或者幽默)与其广告效果并没有必然联系。

有时候,无美感、临摹痕迹明显、"无创意"的广告却可以带来你最想要的结果——市场反应强烈、大量订单涌入,以及遥遥领先于同行的地位。如今,上述所提的每一个创意项目都有许多供应商,用谷歌就能轻易找到,只是你不清楚他们的真实水平。我的同事J.S.是一名市场顾问,他向我抱怨:"我的潜在客户用谷歌一搜索就能找到二十来个跟我同样水平的人。"

当你在挑选创意供应商时,你可以在网上调查一番。首先,在他们的网站上查看大量的案例。尤其要找到那些与你的行业相关的成功案例。如果你不喜欢这些案例,可能他们不适合你。其次,检查他们的客户名单:客户多吗?有令你印象深刻的客户吗?客户有你所在行业里的公司吗?最后,阅读客户对他们的评价,特别要注意他们的客户关于销售和渠道的评价结果。创意提供方是否有名气,也是你要考虑的因素。

跟任何营销或者创意供应商合作的最佳方式如下。

1. 尽你所能地提供一份详尽的简报。你可以在网上找到我的"发现之旅",网址如下:www.bly.com/newsite/Pages/documents/HTPFAC.html。

2. 尽你所能地多给一些指导。如果你有一定的偏好(比如你不喜欢加拉蒙德字体或者紫色的设计),让商家知道,以避免不必要的失望。

3. 给商家展示你曾经做过的一些促销类型(例如打印广告、登录页)及其效果。这样既可以让对方了解你喜欢的风格和色调,也可以最大限度地满足你的期望。

现在,越来越多的客户会在周二打电话给我说他们想在周四拿到创意方案。这很不明智。当你让一个创意工作者在短时间产出成果,你得到的是他们最初的想法,而不是最好的。请给他们至少一到两周的时间,让他们把事情做得更好,你会获得更好的创意方案。事实上,在任何服务领域,削减营销或者创意预算,都会影响方案的质量。

有计划,也要有预算

年度营销预算通常是按照其占销售总额的百分比来确定。下表列出了各行各业广告预算占其销售额的百分比,并非准确数据,仅作参考。值得注意的是,这些数据忽略了其行业所处的阶段:对于处于初始阶段的行业,由于现金收入有限,以及开发新客户、提高销售额需求比较迫切,其营销预算可以是表中某些数据的数倍。

表10.3 各行业的营销预算比例

行业	营销预算占销售额的百分比
广告机构	0.1%
农业作物生产	2.9%
航空快递服务	2.1%
航空运输、通过认证	1.8%
飞机及其零件	0.5%
汽车维修服务和车库	4.0%
食品烘焙	1.9%
图书出版	3.8%
商务服务	5.3%
目录展示室	3.7%
化学药品(批发)	3.5%
涂装和雕刻服务	2.6%
计算机程序和软件服务	3.5%
沟通和信号装置	4.1%
商业印刷	1.2%
计算机设备	1.9%
计算机商店	1.0%
连接器	1.2%
专门贸易	9.8%
奶制品	4.9%
数据处理服务	1.2%
侦探与安保服务	0.2%

（续表）

药物	4.4%
教育服务	5.0%
电器批发	0.8%
电灯照明	1.1%
电子元件	2.3%
发动机和涡轮机	1.8%
工程技术、建筑业、勘测业务	0.8%
农业机械设备	1.6%
金融服务	0.7%
食品	7.3%
货运代理	3.6%
五金批发	6.4%
卫生服务	3.3%
医院	5.8%
酒店	0.4%
工业控制	1.7%
工业机械设备批发	2.0%
保险代理及经纪	0.6%
木材批发	2.2%
机床	2.0%
物料搬运装备	1.0%
医学实验室	0.9%
金属加工设备	5.4%
管理咨询	1.8%
机动车辆零配件	1.6%
电动机和发动机	1.0%
乐器	3.3%
报纸	3.9%
办公自动化系统	2.3%
办公家具	1.4%
光学仪器和镜头	1.5%
门诊医疗设施	1.1%
色漆、清漆、喷漆	3.1%

(续表)

纸张及纸制品	3.8%
个人服务	3.7%
公关服务	1.8%
办公用品	5.2%
冲印实验室	1.8%
摄影器材	3.2%
塑料、树脂、人造橡胶	1.6%
污染控制设备	0.8%
装配式金属建筑	0.7%
泵	1.2%
房产中介	2.8%
储蓄贷款机构	0.7%
证券商品经纪人	3.8%
半导体	1.2%
船舶制造与维修	2.3%
肥皂和洗涤剂	7.6%
电话通信（线路、无线电）	1.9%
纺织产品	1.1%
轮胎和内胎	3.1%
训练装备和模拟器	1.6%
阀门	1.0%

重大营销活动放在首位

相比一般的营销活动，重大营销活动需要你花费更多的时间和资金，所以要先把计划制订好。正如表 10.2 所示，营销方已决定对所有家庭保健按摩服务机构开展四项的直邮推广活动，而邮件将会在 1 月、4 月、7 月和 10 月发出。

表 10.4 能帮助你思考完成营销工作所需的资源，能帮你避免在活动开始前的最后一分钟都在手忙脚乱地做准备工作。

表 10.4　脊椎按摩营销公司 2015 年主要营销活动

月份	活动	资金预算	实际成本	资源	预期结果	实际结果
1月	直邮	$500		邮件名单；推销信；出价。	1位新客户	
2月	接触1	$200		文章。	3位新客户	
3月	接触2	$200		明信片。	2位新客户	
4月	直邮	$500		邮件名单；推销信；出价。	3位新客户	
5月	讲习班、接触3（电话）	$600		场地；散发材料。	5位新客户	
6月	接触4	$200		案例研究。	3位新客户	
7月	直邮	$500		邮件列表；推销信；出价。	3位新客户	
8月	接触5	$200		电子邮件"轰炸"。	3位新客户	
9月	接触6	$200		信息图	3位新客户	
10月	直邮	$500		邮件名单；推销信；出价。	4位新客户	
11月	接触7（电话）、讨论会	$1 100		客户地址；说明书	6位新客户	
12月	接触8（快乐的假期）	$300		卡片	1位新客户	
备注：		需要再次进行的活动：			需要删除的活动：	

"肢解"计划，离目标更近

现在你有一个计划，它可能看起来相当费事，执行这个计划的最好方法，是将其分解为几个细分部分。这就是为什么我们先要从大处着眼，策划主要活动。这让我们有时间考虑每个活动的需求：完成它所需的行动、资源；何时准备好并建立一个跟踪系统，评估它的效果。

以下是执行这个计划的方法。

- ◆ 记住，你设定了一年的目标，并制订了实现这一目标的战略。因此，你可以考虑需要设置哪些分段小目标，以保证自己不偏离正轨。从你的 6 个月目标开始吧。
- ◆ 在第 6 个月至第 12 个月的中间时间段，设置 9 个月目标。问问自己，为了达到一年的目标，你在第 9 个月时完成什么。
- ◆ 现在，在第 1 个月和第 6 个月的中间，设置 3 个月目标。问问自己，在计划的头 3 个月内，自己需要完成哪些事才能保持进度，以达到 6 个月的目标。
- ◆ 3 个月时间匆匆而逝，如果你没有实现计划的目标，很可能还在原地踏步。所以，先问自己，第 1 个月必须完成什么，才能保证完成第 3 个月的目标。接近月底的时候，再问自己，在接下来的 1 个月要完成的使命。你知道自己还剩 2 个月时间来完成 3 个月目标。

在一年内，生意可能有旺季或淡季，所以你的营销支出并不稳定。例如，会计和税务公司从 1 月 1 日到 4 月 15 日非常繁忙。至于你的营销活动，可以参考图 10.3 所示的任意模式。一个业务量稳定的企业，如电气承包商，可能会使用稳定的营销模式——在几个月内持续地开展营销工作。而一个面临周期性淡季的企业，可以使用战斗模式或脉冲模式，来应付这些波动。

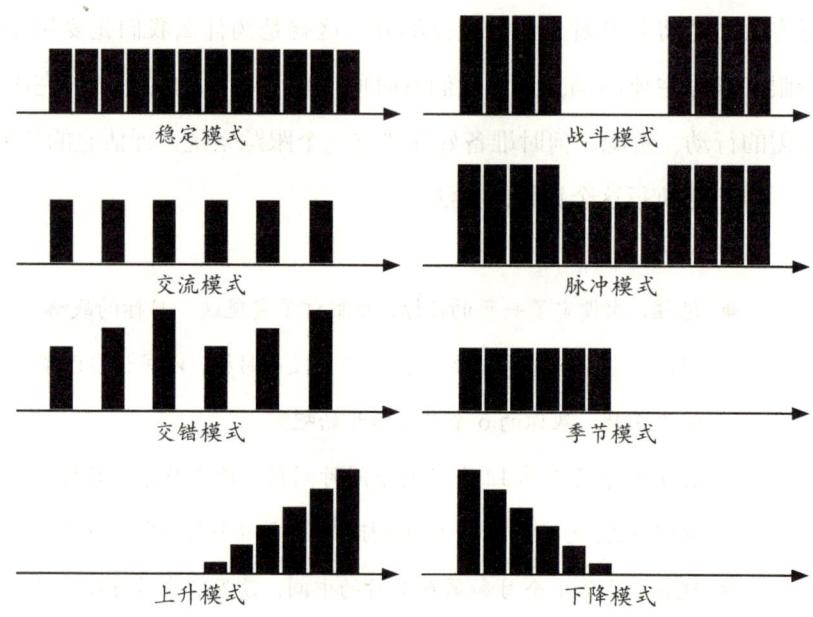

图 10.3 各种营销模式

小预算，大收益

若你的营销预算较小，意味着你要物尽其用。以下的十个方法可以让你从小预算中获取大的收益。

不要仅采用版面广告。广告创作和传播的费用昂贵，但是还有一些方式可以让你只花费版面广告的一小部分钱，就能把广告信息传达给潜在客户——复印充足的广告单，将其分发给你的现有客户或潜在客户。当你根据要求邮寄一份商品的时候，你可以在包裹里夹带一张广告单，抑或在邮件中放置复印件；你也可以在发送电子邮件时以 PDF 附件形式发送。这首先可以给客户一个回复你的理由，同时也增加了原始邮件信息。

将你的广告分发给公司的其他部门，如工程部、生产部、客服部和研发部，使他们清楚知道最新的营销推广策略。确保你的销售员拿到了充足的广告单，并且鼓励他们在写信给客户或者拜访客户时将广告单分发给客户。

通过在广告单背面附加产品信息的方式，将广告变成产品信息表。这个信息表可以是一个 PDF 文档，其正面为产品描述，背面为广告信息。这样既节省设计费，还可以更好传递广告信息，因为阅读者会同时从广告单上收到两份关于商品的信息。

广告单可以直接邮寄给客户，这种方式也很便宜；也可以将其随回复卡或是推销信一同寄出。信件广告与版面广告不同，版面广告的可调控性比较小，而信件广告可以根据不同的目标市场和客户人群进行调整，且成本较低。

如果你已经为一个产品或者同系列产品创作了广告，那么将这些广告单装订起来就可以作为产品手册使用。这既可以让潜在客户接触到一系列产品，还可以省掉产品手册的制作费用。

如果你的广告包里呈现出了产品的某些特性，你可以将它提供给业界的企业作为免费教材。或者，如果你的广告视觉效果显著，你也可以提供一些合适的框架结构。对广告进行反复利用，你将会在此过程中节约资金并提高其使用价值。

如果一些事有作用，那就坚持做。许多市场营销员因为厌倦了无休止的市场竞争而一味去创新。这是一种浪费。如果现有的广告依然准确有效，你就无须创新。只要你的广告可以继续影响客户，并使他们作出反应，你就应该继续使用它们。

广告投放多久后才能产生效果？拉德洛公司曾在同一份杂志

上将一则关于土壤保护的广告刊登了41次。11年后，这则广告依然存在，但要丰富许多，也回答了更多的问题。如果一个广告的创意依然具有影响力，请不要随意放弃它。你只需在现有模板上进行更新、优化。这个方法不受广告公司或代理商的欢迎，但的确节省钱财。

不要过度表现自己。一些企业在增加广告预算后，看到其他企业精美的四色宣传册、烫金邮件和年度报告，他们会说："这材料看起来很棒，我们为什么不加以模仿呢？"

这是一个误区。促销活动的语调和影像图片，必须全部植根于你自己的产品市场，而不是模仿浮夸广告。无论考虑到广告效果还是市场影响，太花哨的营销资料完全是浪费钱，甚至可能对销售造成负面影响。

使用"模块化"产品。广告领域普遍在思考：如何将单一产品推广到多样化的细分市场。每一个市场的需求不同，客户的购买理由也不同。但是，考虑到预算和成本，你不可能为每一个细分市场编写一个单独的宣传小册子。

那么如何解决这一问题？答案是"模块化的广告册"。大多数小册子的技术规格、服务、公司背景、产品运作、产品特点对观众来说都是一样的。只有一少部分，需要针对特定的读者进行宣传。在模块布局中，标准部分保持不变，但是新广告的文案可添加到每本小册子的特定部分。这样，你就可以对同一产品使用相同的基本布局，并创作侧重点不尽相同的广告册，节省时间和金钱。

使用转载文章，作为补充的销售宣传资料。市场经理总是收到"需要更多宣传资料"的请求；工程师们希望你提供一些数据以详细解释产品的技术特性；对于每一个销售员而言，他们希望宣传资料既能吸引到特定客人,也能最大限度的契合自己说推销词的习惯。但广告预算只能解决大部分产品的销售宣传资料,不能满足每个人对宣传资料的特殊要求。

解决方案是用转载文章作为销售宣传资料的补充。这并不是让你去开发一个特定应用程序,而是让你的销售或者技术人员写专题文章,并发表到相关刊物。这可以作为廉价的补充宣传资料,它比自吹自擂式的宣传材料有更高的可信度。此外,你不需要为这些文章支付排版或印刷费,它们就是公司的免费广告。

当你在网站上贴出所有关于公司和产品的文章,你的网站将会成为一个大型的在线文章库。这将提高网站在谷歌搜索上的排名。

寻找廉价的营销替代品,例如横幅广告、自然搜索、LinkedIn 和公共关系。许多小公司仅依靠营销活动产生的销售线索判断营销效果。他们并不关心构建品牌形象或者识别度,他们只是简单地统计新增的询价量。

发布新产品是生成销售线索最经济的方式。有一次,我写了一篇稿酬为 100 元的新品发布新闻,并投给了 100 家贸易期刊。结果,在 6 个月内,这条消息被 35 家杂志刊载,并生成了 2 500 条查询记录。

在另一活动中,我们花 1 000 美元买了一个在线通讯的文本广告位。广告持续了一个星期,并且产生了 140 个下载我们免费白皮书的记录,每次查询的成本仅 7 美元。

你要将所有新闻稿链接放在网站的相关部分,并优化新闻稿的关键词,以引入更多随机搜索流量。

不要花太多钱在外部创意人才身上,你需要雇用资历和价格都适合你预算的自由职业者和顾问。例如,顶尖的广告摄影师每天可赚到1 000～2 000美元。如果你的广告是投放在《福布斯》或《商业周刊》上，或许可以雇用他们。但如果你只是想用在内部刊物或宣传册上，那聘请他们就太不划算了。许多有能力的摄影师可以为你的网站拍摄一张好的照片，其价格仅为200～250美元。总而言之，当你聘请顾问、作家、画家或摄影师时，应该寻找一个专业水平和成本都适合你营销预算的人。

自己动手。分发新闻稿或创建收集访问者邮箱的挤压页面（squeeze page）等任务，通常可以让内部人员解决，以节省昂贵的代理或顾问费。你要把资源集中到真正需要外部支持的专业问题上。如果你没有营销经理或助理，请考虑雇用全职或兼职行政助理来处理营销活动所涉及的细节工作。将行政工作交给代理机构或自己亲自动手，都不是一个经济实惠的做法。

最大化利用现有内容（文本和图像）。照片、插图，以及为一个促销创建的广告文案，通常可以用到其他地方，从而降低创意成本。例如，为公司广告撰写的文案经过修改后，可以用在你的网站首页上。此外，你可以保存某个项目的布局、草图、标题和概念，用于将来的促销活动。

按时向你的供应商付款。原因：按时支付不仅可以避免缴纳违约金，还能给对方一个好印象，从而在未来合作中得到更好的服务和更公平的价格。

行动……写下你的计划

我们的愿景（参考第1章的答案）

我们的利基市场（参考第2章的答案）

我们的潜在客户（参考第3章的答案）

我们面临的竞争（参考第 4 章的答案）

我们的策略（参考第 5 章的答案）

我们的战术（参考第 6 章的答案）

我们的测量工具（参考第 7 章的答案）

我们的行动计划

我们的 30 天目标：

我们的 3 个月目标：

我们的 6 个月目标：

我们的 9 个月目标：

我们的 12 个月目标：

第 11 章

如何让营销计划稳稳落地?

你已经写好了一份堪称完美的营销计划,并要根据它来开展众多营销活动。遗憾的是,你的营销预算总是不够用。不仅如此,营销活动的效果似乎也不是很好。制订更合理的营销预算,撰写更有吸引力的营销文案,可以解决你的一大部分问题。

现在，你有一个关于如何实现商业理想的计划。但是，如同许多高价顾问写的营销计划那样，没有付诸行动，计划就会变得一文不值。记住，营销计划不是结果，它是一个达到目的的手段或方法。

你的目标是吸引更多潜在客户、准客户，并促使他们下订单。因此，思考、规划和编写营销计划已经暂时告一段落。接下来是最重要的步骤：采取行动。

是时候让你的营销计划落地了。可你到底应该怎么做呢？——首先规划你在未来30天内会采取的行动，再决定你需要做的第一件事，然后搞定它，再决定下一步行动，然后再搞定它……就这样不停地循环计划下一步行动，然后完成它。慢慢地，你会发现自己的梦想不再只是一个梦想。

预算大作战：先做预算？还是先定任务？

很遗憾，当你要将产品推向市场时，你必须砸钱去做营销。有些营销方式（如在主流的网络平台上投放广告）费用昂贵，有的（如投放一篇软文）则相对便宜。那么，你到底应该花多少钱在营销上面呢？下面将介绍 6 种制订年度营销预算的传统方法。

方法 1：根据销售额的百分比

根据销售额的固定百分比来制订营销预算是最常见的方法。比如你的手工编织篮子的年销售额为 5 万美元，若你将预算固定为销售额的 2%，这意味着你的产品营销推广费用为 1 000 美元。你要基于哪种销售额来决定营销预算所占的比例呢？随便你。

你可以基于它以往的销售额（无论是上一年的销售额还是过去几年平均的销售额），也可以基于你预测的销售额，再或者是过去销售额和预测销售额的某种组合。

那么，你的营销预算占销售额的比例又应该是多少呢？各行各业的比例有所不同，国防承包商在营销上就花得很少，只占销售额的 0.15%；一些大型消费品公司则会花费 15% 或更多。

对于一些小企业来说，这一制订方法能很好地控制预算。不过，将营销的支出依附于销售额，似乎有点不合逻辑。因为，这意味着营销是销售的结果，但其实应该反过来，销售才是营销的结果。此外，这个方法没有考虑到经济环境、市场因素、竞争对手和销售目标。因此，这充其量是一个粗糙的预算制订方法，算不上完美。

方法 2：单位产品销售量（根据销售量倒推）

这种方法是根据产品的销售量而不销售总额来制订营销预算。过去的经验告诉你，要卖出一罐烤豆需要 20 美分的营销费用。如果你的目标销售量是 10 万罐烤豆，那么这就意味着你的营销预算应该计划到 2 万美元。

该方式在你销售电视机和洗衣机这种高价值产品，或者是罐头、厕纸和机油这种低价值产品时有一定帮助。对于服务型企业来说，这不是一种有效的方法。

方法3：匹配竞争

一些公司根据竞争对手的花费来决定自己的营销预算。意识到竞争对手的存在是具有商业感知力的表现，但是若你的营销预算与竞争对手的等额，那就等于你假定他们的销售和市场目标与你完全一致。此外，你的竞争对手可能也是在瞎蒙，他们也根本不知道怎样有效地估算营销预算。当然，如果竞争对手是一家规模很大的公司，你的营销预算就没法与之相同了。但是，你能够根据你们之间的销售额之比设置预算。

无论如何，你都应该重视竞争，但是切勿在营销的任何方面盲目跟风。相反，你应该制订一个适合你的目标、产品和市场营销计划。

方法4：提供你所能提供的

对于"提供你所能提供的"这种方式，你首先要把资金进行有效分配：房租、原材料、税收、保险、工资、邮费和库存。除了以上支出，剩下的资金就分配给营销活动。这种方法能够帮助小企业存活下来。但是，如果你还处于为支付房租而发愁的状态，请放弃这种方式。因为这表明营销活动对你而言十分昂贵，不能作为公司的重点运营策略。既然你正在阅读这本书，应该不属于这种情况。

方法5：历史

制订营销预算最简单的方法，就是直接说："就和去年的一样吧，考虑到通货膨胀还可以在此基础上增加10%的费用。"这种方式与第一种方式有着同样的优点和缺点。所以它产生的预算金额只能作参考。

方法6：目标和任务（以目标和任务为导向）

这是最有效的一种方式：先制订营销活动要达成的销售目标和市场目标，再根据这些目标来制订合适的预算。比如，一名自由设计师想要推广他的服务，他的目标是要通过不同的广告机构来赚取8万美元。要达到目标，他需要开展一场针对广告公司的创意总监的直邮活动。因此，他那简单的营销预算将如表11.1所示。

表 11.1　一名自由设计师的营销预算表

目标	任务	花费
通过 10～15 家不同的广告公司来获得 8 万美元的收益	给 1 000 名创意总监直邮相关资料	$1 000
	电话跟进	$100
	再次给 1 000 名创意总监直邮相关资料	$1 000
	总预算	$2 100

方法 1～5 来是先制订营销预算，然后将资金分配到确切的任务上。而方法 6 更有逻辑性，它与你的营销目标息息相关，能确保营销预算被花在对公司最有益的项目上。这种方法有一个缺点，就是预算金额可能会超出你的承受能力。若出现这种情况，你必须对营销目标进行优先级排列，要保证优先级最高的营销目标得以实现。

你可以从自己的营销活动中期待怎样的结果？

预测营销策略的效果，是营销人员撰写营销计划时最头疼的事情之一。因为老板很喜欢问："直邮能够带来多少新客户？我们在谷歌的广告活动能够带来多少点击率？网站的登录页面能够带来多高的转化率？访问者下载附赠文件的可能性有多大？……"

上述问题根本无法准确预测，最多只能"粗略估计"。事实上，任何人都不能肯定一个营销策略能带来何种效果。比如，给每一名客户邮寄一张明信片能获得回复的可能性是零，但也可能是百分之百。我这么说并不是在开玩笑。虽然两种极端的结果都有可能，但是零比百分之百要显得更加现实。

有些营销活动的效果能达到甚至超越预期，当效果一旦低于预期，营销人员往往会受责备。所以在策划和执行营销计划之前，你必须认识到营销活动要承受风险资本——即活动会失败，没有带来任何反馈或销售额，投入的资本全部打水漂。"风险资本"就是要你在营销中投入你能够承担得起的金钱。

很多企业家来找我帮他们策划一个直邮方案，而当我告诉他们费用时，他们都大吃一惊。于是我会问："如果我们执行了活动方案，但它最终失败了，那我们是不是仅能得到你支付的押金？"如果对方的回答是肯定的，那么我将拒绝这份工作。为什么？因为我不想让他人承担他们所不能承担的风险。若你的公司规模小、预算紧，那么我建议在你的营销计划中用更经济的营销策略来代替传统的、昂贵的营销策略。

杰伊·康拉德·莱文森（Jay Conrad Levinson）用"游击式营销"这一概念来形容低成本营销。例如，与其在报纸上刊登广告，还不如赞助镇上的少年棒球联盟；与其花大价钱在行业最大的展览会上求得一个摊位，还不如做一场精彩的宣讲。我提倡多进行整合了线上线下渠道的营销活动，如果资金紧缺，则可以进行在线营销。互联网的存在，使得许多的营销策略变得更能为人所承受。

我在20世纪70年代开始从事营销相关的工作，那时要想在电视上发布一个商业广告往往要花费成千上万的资金。而现在你可以不用聘请昂贵的摄影师，直接将自制的"商业广告"视频上传到视频网站，这不需要花费一分钱。总之，无论你使用哪种营销策略，你要明白其效果很难预测。你能够并且需要做的是先小规模地试验，如果有效那就将营销活动的规模扩大，否则就尝试其他方法。

执行！执行！执行！

比起出去调研市场或开发客户，很多营销人员更乐意坐在办公室写营销计划。营销计划是不能直接产生价值和生产效益的创意。一个创意佳、文笔好的营销计划若不能付诸实践，那它只是放在办公桌上的一份文件，毫无价值。当你遵从本书的营销计划制订步骤后，你将会得到一个优秀的计划，可以产生更多的销售线索，获得更好的销售前景，并招揽更多的客户。请执行计划中的策略，而不仅仅把它们写进营销计划里。只有执行，才能让你的计划成真。

多蒂·沃尔特斯（Dottie Walters）是一位专业的演讲大师，她曾称我为"一个了不起的创意家"，但我并不喜欢这个头衔。这个时代并不缺乏创意，一个创意和一张5美元的钞票就能让你在星巴克买一杯咖啡。只有行动才能将营销计划变为现实。作为一名文案，为了呈现更好的营销效果，我花了更多的时间来撰写而不只是计划营销活动。

撰写一份书面的营销计划的好处在于它更具有指导作用。它能让你知道自己在何时需要干何事，以及所需多少资源来完成营销任务。如果没有计划，营销活动启动的时间总会被一推再推。这无疑延长了公司收回投资成本的周期。除此之外，还会错过一些重要节点，比如发出邀请函，提前通知需要出席活动的嘉宾。

这里有一个关于营销活动卡壳的简单例子。一家公司让我针对某一产品写一份在线营销方案，并且希望在6到8周内发布。为了完善广告文案，我明确表示自己需要一份样品。他们没有理由拿不出样品来。但是，由于公司迂腐的规定，过了两周我都没有收到样品！这导致我的方案完成得很不顺利，而我又必须在发布当天完成。这种不必要的"麻烦"一份小小的计划可以轻易地消除。

影响营销活动质量的因素

你的营销计划里塞满了各种营销活动，以及一张实施它们的时间表（见附录A）。但这还不够，你必须用高质量的策略来执行它们，才

能让营销计划帮你赚到更多的钱！

以下是一些影响营销活动效果的关键因素。

- ◆ 文案。优秀的文案能让营销活动的影响力提升25%乃至100%。但是，许多营销经理和企业主并不明白优秀文案的价值和重要性。
- ◆ 平面设计。虽然营销专家认为设计远不如文案重要，但良好的设计可以提高文案的表达效果和张力，使其更具吸引力。
- ◆ 客户名单。我见过一个优秀的客户名单能将营销活动的影响力提升2倍。
- ◆ 报价。同一个产品，更合理的报价得到的回应将会提升10%～900%。报价的要素包括产品价格、相关条款、保证书和额外费用。
- ◆ 媒体。你要选择最适合的媒体。针对不同市场、产品，不同媒体所产生的效果也不同。你必须亲自测试，才知道什么管用，什么不管用。

就做一个营销吝啬鬼！

在本章的前面，我们研究了制订年度营销预算的6种方法。但当我们执行时发现营销预算严重不足。那该怎么解决这个问题呢？我的方法是让自己成为一个营销吝啬鬼——营销面前，一切平等，能少花一分钱就绝不会浪费一分钱。我将这一原则应用到我的互联网业务和文案客户身上。

麦迪逊大道的广告公司强调创意以美学呈现为驱动力，而不是回报率。然而，美学让营销更昂贵，而且会降低营销成本回报率。这些广告公司能够制作出漂亮、有趣，且成本颇高的广告。而像我这样的直销人员，则期望最大限度地降低营销成本，提高营销投资回报率。我建议你也采用我的思路。

很明显，"廉价"营销活动的优点就在于即使你投入较低成本，也更容易得到一个较高的营销回报。比如，你投放一个成本为 10 万美元的广告，最终带来了 10 万美元的销售额，那么广告的收益和成本刚好抵消。但如果一个成本为 1 000 美元的广告带来了 10 万美元的销售额，就意味着每 1 美元的成本能帮助你赚到 100 美元。

此外，麦迪逊大道上的广告商有一个不愿承认的事实：朴实的广告、接地气的设计，常常比花哨、美丽、优雅的广告更吸引人。所以，让你的广告朴实无华一点吧！这可能有点违反直觉，但你最终能得到自己想要的效果。

这样写，营销文案才有"吸睛力"

常言道："人们根据你的言语来判断你。"这句话放在营销行业最正确不过了。要执行营销活动，你就必须提供优秀的文案。优秀的文案要用词准确，因为有研究表明，文案对营销效果有重要的影响。那么，如何创造优秀的文案呢？

把成功人士的说话方式写下来

几乎每个伟大的文案写作老师都会告诫我们："（在写文案时）避免使用术语，尽量用意义明确的词汇代替华而不实的空话。"不过，也有例外。在写广告语或标题的时候，一个意义更高深的词语或一个专业术语，更能引起读者的注意。此外，在写文案时采用专业术语（或高深词语）还有三个益处。

首先，专业术语可以提升商品的价值。比如在商品归类里，万宝

龙钢笔被称为"写作工具"而不是"笔"。因为人们愿意花150美元买"写作工具",花1美元买一支完好实用的"笔"。

同样,没有人会叫卖二手车。如今,二手车的正式名称为"有保证的、被拥有过的交通工具"。在这里,"交通工具"比"车"听起来更令人印象深刻,也更文雅。"被拥有过的"并没有"二手"一词难听,并且谁为被拥有过的宝马或雷克萨斯车做担保?当然是宝马或雷克萨斯公司了。

其次,专业术语还可以在广告和读者之间创造一种亲密感。当你用了术语时,你的目标读者会认为你至少是了解他们的。当然,若你的目标读者主要是非专业人士,你大可不必使用术语。要知道,社会学家苏珊·布朗米勒(Susan Brownmiller)把术语定义为"比日常用语更复杂的语言"。

最后,在撰写科技主题的文章或宣传科技产品时,使用专业术语显得更严谨。不过,我们需要注意到科技术语和行话的区别。科技术语是精确地描述工业技术、细节或创意的语言。"操作系统"是科技术语,就像"宽带网络"一样。如果避免使用这些术语的话,会造成句子的冗长。科技术语的发明,就是为了准确、清晰地与不同教育程度和经验的观众交流科技信息。

而使用行话的优势是能够与一些专业观众(特别是IT专家)更好地交流,可以拉近他们与相关广告的距离。美中不足的是,行话似乎没有那么简单明了,很容易把人搞得云里雾里。

即使专业术语和行话有所裨益,但也不宜频繁使用。太多的术语或行话会使得句子过于冰冷,没有情感。在句子中,最佳的比例是每10个单词里不要超过一个专业术语。

拟定引人注目的标题

标题是文案的重要组成部分,奥美广告集团的创始人大卫·奥格威认为，一个广告所产生的效果 80% 都由它的标题决定。因此，我们有必要花大量时间推敲、拟定强有力的标题。

如何获取写标题的灵感？收集优秀的广告标题，将之汇成一部"广告宝典"。当你正为写出一个好标题而焦头烂额时，它绝对有用。我的"宝典"里收集了很多的优秀标题，它们亮点各异，但也许对你有参考价值。

- 提问题。如："什么是日本管理者有而美国管理者缺乏的？"
- 与时事相结合。如："像玛莎·斯图尔特[①] 一样走在股票市场的前端——但不用违法！"
- 创造新术语。如："新的'极化石油'靠磁力附在机床磨损部件，可使其使用寿命延长 6 倍。"
- 使用"新的""引入"或"宣布"等词语。如："（政府）宣布适当减少国防开支。"
- 给读者一个指示，即告诉他们做某事。如："请试着烧了这张优惠券。"
- 运用数字和数据。如："有谁听说过一棵单株植物可开出 17 000 朵花吗？"
- 为读者提供有用的信息。如："让你在买房时不走弯路。"
- 突出你的意图。如："你现在就可以订阅一本最新的书籍——如同订阅一本杂志。"
- 讲故事。如："当我在钢琴前坐下时他们都笑了，但当我开始弹奏时……"
- 推荐。如："5 只你现在必须持有的科技股。"

[①] 美国"家政女王"，因为得知自己持有股份的英克隆公司将发布不利消息，提前抛售手中股票，而这一行为被国会认定为是违法行为。——译者注

- 声明利益。如："管理 UNIX 数据中心——曾经很难,现在可以很容易。"
- 作比较。如："怎样解决排放问题——只需传统文丘里洗涤器一半的能源。"
- 使用形象化的词语。如："为什么有些食物会在你的肚子里'爆炸'?"
- 自我证明。如:"用了 AVBLEND(庄臣氏),即使在空中飞了 50 万英里,我们也不怕凸轮轮出故障。"
- 附赠。如:"购买《汤姆叔叔的小屋》,免费赠送揭示百万富翁鲜为人知的捞金策略。"
- 引起读者的好奇心。如:"你现在必须拥有的一只互联网股票。提示:不是你想的那样!"
- 承诺揭露一个秘密。如:"分解华尔街的神奇逻辑。"
- 具体说明。如:"即使速度达到 60 千米/小时,这款新劳斯莱斯车里最大的噪音是来自车内的电子钟。"
- 将特定类型的读者作为目标。如:"我们正在寻找写儿童读物的人。"
- 强调节省成本、折扣或价值。如:"现在你花费 69 美元就可以得到价值 2 177 美元的股市简报。"
- 给读者一些好消息。如:"你绝不会因为年纪太大而不能听到更好的消息。"
- 提供一个备选项。如:"没时间在耶鲁大学上课?——在家里上大学!"
- 发出挑战。如:"你的头皮能承受得住指甲的抓挠吗?"
- 强调你的保证。如:"当开发软件应用程序的速度提高 6 倍时,你投资的钱就回来了。"

- 说明价格。如："仅需 2 395 美元就能将 8 台笔记本电脑连接到你的主机上。"
- 凸显一个易见的矛盾。如："从'内幕交易'中获利——百分之百合法！"
- 提供给读者不能从别处获得的独家信息。如："小商人的秘密武器——让你的利润涨幅超过 500%。"
- 解决读者的担忧。如："为什么大多数小企业会倒闭——你可以为此做点什么。"
- 作出一个美好承诺。如："让你年轻 20 岁！"
- 展现出购买产品会得到的投资回报率。如："招聘了错误的人，你会付出相当于他们年薪的 3 倍的资金代价。"
- 陈述式的疑问句。如："7 家制片公司在拍摄重要商业广告时更喜欢使用 Unilux 闪光灯的理由。"
- 帮助读者实现一个目标。如："现在你可以在接下来的 30 天内创造出一个具有突破性的营销计划……免费的！"
- 作出一个看似矛盾的声明或承诺。如："不用空调也能让你的房间快速降温！"

激励性序列，更能说服人

撰稿人马丁·乔林（Martin Chorich）最近对我说："业余人士可能看重文案的创意，但专业人士更重视文案的结构。"在直复营销中，文案的结构是关键。也就是说，你的文案如果没有遵循一套有说服力的公式，无论它多么具有创造性，也不会产生太大效用。

这些年出现了大量具有说服力的文案写作公式，其中最有名的应该就是 AIDA。它代表了注意力（attention）、兴趣（interest）、渴望（diesire）

和行动（action）。在文案培训班里，我教给学员一个AIDA的一个变体，叫作"激励性序列"。此序列有五个步骤，具体如下。

第一步：得到关注。在你的营销活动开始之前，你必须得到目标客户的关注——要让他们停下手中的活，将你的宣传资料（广告单、小册子和邮件）打开并阅读。在见识了大量的广告案例过后，相信你已经知晓了获取关注的数种方法。无论是在电视广告还是杂志广告中，"性"常常被各类产品（小到各色饮料大到汽车家电）用来吸引人们的注意力。也许你有不同的做法，你可以发表一个石破天惊的声明、引用一组惊人的数据统计，或提出让人无比好奇的问题……

第二步：找出问题或需求。大多数产品都满足了目标客户的需求或解决了他们的痛点。但是，当目标客户关注到你的营销活动时，你有多少销售机会呢？答案并不乐观。因此，你应引导他们将注意力放在产品所能提供的价值和解决的问题上。这样你才能和他们谈论解决问题。例如，你正在卖一套商用电话系统，请不要用产品介绍作为开场白，你可以问："你厌倦了暴涨的长途电话费吗？"

第三步：将你的产品做为解决问题的方法。一旦你让目标客户的注意力转移到产品上，下一步就是让产品作为解决问题的方法来服务客户，这是一个快速的过渡。以一封红十字会募捐信作为例子："亲爱的布莱先生，未来某天你可能需要红十字会，但现在红十字会需要你。"

第四步：证据。马克·乔伊纳（Mark Joyner）在他的书《无法拒绝的提议》(*The Irresistible Offer*) 中指出："当你的目标客户即将接受你的推销时，他们会问的一个问题就是：'我凭什么相信你？'"你要借助相关"证据"来回答这个问题。这种证据分两种：第一种，证明可信度，它能说服目标客户相信卖方是一个有信誉、值得信任的公司或个人；第二种，与产品息息相关，能让买家相信你的产品所宣传的功能。这些"证据"包括证明书、案例历史、评论、性能图表和产品测试结果等。

第五步：行动。你的目标通常是让对方询价或下订单。在直接反应营销活动中，我们会提供一个"报价"，我将这个"报价"被定义为"当客户回应了你的推销后得到的优惠"。在直邮包裹中，"报价"就和回复邮寄的免费目录一样简单。在线推广中，"报价"可能就是："点击这里，输入你的信用卡信息，并购买我们的产品，30 天内退款 49.95 美元，你只需支付 4.95 美元的运费和手续费。"

我敢打赌，即使你从来没听说过"激励性序列"，但你的营销活动或营销文案都多少遵从了激励机制的五个步骤。这是因为你有营销天分，这种天分引领你按照"激励性序列"来推广产品。如果你靠天分就能将产品卖出去，那么了解 AIDA 公式、"激励性序列"和其他推广方法有什么用呢？——那你就可以有意识地按正确顺序完成全部五个步骤，且不会发生任何失误和遗漏。

30 天营销日志，让你更有紧迫感

知道未来一个月内自己必须完成的事情，这会驱使你完成每天要做的事。所以你要创建一个 30 天营销日志（见表 11.2），细化你未来 30 天的行动。你的计划一定要考虑到未来 3 个月后自己想得到的成果。表 11.2 可以让你清晰地看到自己每周的目标，以及为了达成目标每天需要做的事。

表11.2 30天营销日志

201X 年 X 月行动计划						
	目标	每日行动计划				
		星期一	星期二	星期三	星期四	星期五
第一周						
第二周						
第三周						

我们所说的行动步骤又是什么意思呢？举个例子，如果你计划创建一个新网站，那么你的行动步骤之一就是要寻找并储存一个域名；而另一个步骤则是准备运行网站需要的所有工具，例如内容管理系统和购物车。

当你填好日志之后，请好好利用它，并实践下述要诀。

◆ 以查看自己的目标和每日行动清单来开始每一天，这会让你越来越接近自己的目标。当你知道自己只有30天来完成目标，你工作时会变得更专注。

◆ 定期看一看整个计划，将你的整体目标和回报可视化。这会让你下意识朝着目标努力，还会让你始终保持积极进取的心态。

◆ 设想你已经实现自己的目标。金·克拉(Zig Ziglar)曾说："我们必须在到达目标之前，看到目标。"

◆ 每次作决定之前，先问问自己："这会让我离目标更远还是更近呢？"如果答案是"更近"，那就去做吧；如果答案是"更远"，我想你知道该怎么做。

◆ 每一天都要回顾过去，这会让你精力充沛、保持专注。同时你还可以及时知道哪一部分有成效。

◆ 在这30天快结束的时候,请评估为了达成更长远的目标你还需要做些什么。看看哪些行动有效果,哪些没有,然后再规划下一个30天。

第 12 章

早诊断 + 早调整 = 完美的营销计划

俗话说,"计划赶不上变化",有过实战经验的营销人员应该都知道,再完美的营销计划、营销方案,哪怕到了最后一刻也会有变动的可能。所以,不要以为写好了营销计划就万事大吉。你需要眼观六路,耳听八方,随时了解市场动态,随时调整,保证计划的灵活性!

几乎所有营销计划都含有相同的弊端：遇到突发事件，所有提前计划好的活动都无法得以顺利执行。因此，我们的营销计划需要一定的灵活性，能随时调整。注册会计师和财务规划师詹姆斯·兰格认为："所有优秀的计划都经过了反复打磨和调整。"

世上没有完美的营销计划。不管你在制订计划之初考虑得多么周全，当接收到更多有用信息时，你就应该及时作出调整。因此你应该养成定期检查计划的习惯，当计划不能顺利执行时，你也应该知道如何走好下一步。一旦你作了任何必要的调整，那将又是一次新的开始。

以下两种情况的发生，就是你要重新思考和审视营销计划的重要信号。

第一种，你针对自己的王牌产品展开了大规模的促销活动，但效果甚微。那么，是时候推翻自己的营销计划了吗？不，还不到时候。你要做的是修订促销广告的文案和创意，改变一下产品的包装、报价和定价等。如果这些改变开始产生积极的结果，风险就可以得到转移；如果多次改变后，销售额仍不尽如人意，你就应该明白计划存在缺陷。那么是时候开始反思并作出调整了。因此，促销活动的连续失败是首个信号，外部环境的突然变化，比如市场、竞争格局的变化，是第二个信号。

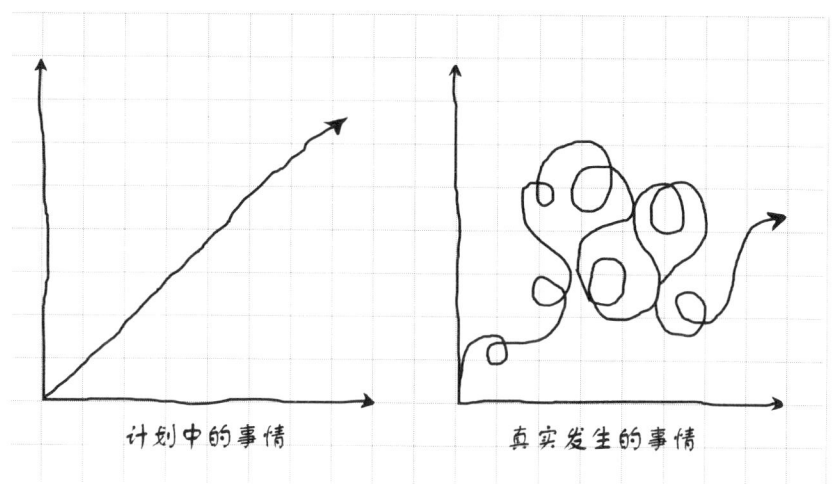

图 12.1　计划总是赶不上变化！

业务类型不同，我们主动地反思营销计划的频率也不尽相同。我在做文案业务时，一般是 2 到 4 周一次。所以，我的流动资金不是很稳定。因此，每个月的月底我都会查阅当月，以及年初至今的销售总额，以确定我的计划是否正常。同时，我每星期还会查阅活跃作业（active jobs）和待做作业（pending jobs）的数量，并分开列出两项清单。我在做网络营销业务时，每一笔销售都是在网上即时完成。一般而言，我一周看两次报告：一次是在周末，这样可以知道业绩；另一次在周中（星期四），以便了解我是否能够顺利完成周销售目标。同时，我还每天查看我的销售收入，以确保我每天的收入达到周财政收入目标和年财政收入目标的平均数。

当市场发生了这些变化

审视、诊断营销计划是为了取得更好的成绩。你会理所当然地将实际成绩与预估成绩相比较。两者之间是否一致？如果不一致，问一问自己:"为什么会存在这样的差距?我们哪里做错了?"首先要在营销活动上寻找原因,然后根据需要调整策略、行动或期望值。

当你所在的市场发生了重大变化,就意味着你该更新自己的营销计划了,而会发生的变化包括以下几种。

◆ 开拓新的利基市场或提供新服务。
◆ 新兴技术使你做事的方式显得过时、低效。
◆ 新合作伙伴加入。
◆ 与海外市场竞争(比如,你的客户在印度外购廉价商品)。
◆ 销售额或利润暴跌。
◆ 竞争力有所提高。
◆ 产品需求量下跌。

不要急着推荐价值50万美元的房子

经济衰退对小企业主的负面影响之一是创造了买方市场,而不是卖方市场。消费者在买方市场中占据主动地位,更有讨价还价的资本。《时代周刊》(*Time*)曾在一篇报道中指出:72%的受访客户表示,除了和汽车经销商讨价还价,他们近来也尝试与零售商讨价还价,并且他们中80%的人都成功地获得了更优惠的价格。

为此,作为商家,你必须做好有人跟你商讨价格的准备,并要提前想好应对之策。

许多人并不会去打听客户理想的消费金额,他们认为这样做略显尴尬。但是,若你明确知道客人的消费额度,就可以给出他们承受范围之内的报价,你的销售成交率也将会直线上升。

那么,如何确定你提供的价格能被消费者欣然接受?在推销时,你可以询问客户："你是否有预算？"注意，不是问："你的预算是多少？"客户只会给出两种答案：有或者没有。这两种答案所占比例几乎相等。如果客户给了肯定的回答，你可以接着问："可以说一下你的预算吗？"他们会告诉你一个价格范围，而你的报价必须降至他们可以接受的范围。

然而，若客户的回答是："没有，我们没有预算？"那么，你可以接着问："所以，你准备在这件商品上花费多少钱呢？"即使他们事先没有制订预算，但是当被问到这种问题时，很多人却会说："我准备花费 1 000 ~ 3 000 美元。"事实上，他们是有 1 000 ~ 3 000 美元的预算，只是在此之前没有大声说出来。

然而，不管你怎么问，总有一些人就是不愿意说出自己的预算。他们会说："我不想跟你说预算，你就直接告诉我需要花多少钱吧。"在这种情况下，就用"还不错、更好、最好"的报价方式。假设你准备给买房的客户报价，不要急着推荐那栋最贵的、价值 50 万美元的房子，你要给出三个选择。

第一个选择，称之为"还不错"。这栋房子是一个三居室，带一个壁炉，还有一间没装修完的地下室。为了让买家能买到一个体面的房子，并让你也能得到不错的利润，你的最低价格应该是 30 万美元。第二个选择为"更好"，也是三居室，但地下室是已经装修妥当，而且主卧里还加了一间起居室，你要价 40 万美元非常合适。第三个选择是"最好的"，因为这栋房子是四居室，还附带了一个壁炉和顶级绿化环境。

在你给出选择后，直接问对方："你喜欢哪个？还不错的？更好的？还是最好的？" 这个策略增加了你的报价落在潜在客户接受范围之内的机会。只有少部分人会选择最便宜的那栋房子，人们都会选择更好的而非一般的。大多数预算为 30 万美元的人最终会花掉 40 万美元，即便他们会举债。

更多的测试,更小的风险

我曾在收音机上听到,美国职业棒球大联盟(United League Baseball)的最佳纪录是由佛罗里达马林队创造的 23 胜 14 负。这意味着职业棒球队中表现最好的球队,在每 10 场比赛中也差不多会输掉 4 场。记住,这可是美国职业棒球大联盟的最佳纪录。

讽刺的是,很多商家会毫不犹豫地接受这个统计数据,但在营销计划失败时,气得跳脚。经验丰富的营销人员心里都明白,所有的营销活动都存在着失败的风险。他们接受营销计划失败这个事实,但并不感到绝望。因为他们知道,如果每寄出两封、三封甚至五封直邮邮件,就能收到 1 个回复,他们就可以赚个盆满钵满。

但是,没有经验的直销人员不会明白这个道理。无数的小企业每隔几年就会进行一次直销活动,一旦有一次失败了,他们就会大声宣布"直邮无效"并就此放弃。

如果你是企业主或营销专家,你是否在寻找更有用的直销方法?其实你只需要做更多的测试就行。例如,为了向用户推荐一个网站,你打算邮寄 5 000 张明信片出去,但你不确定应该以"味道好极了"还是"无添加剂"作为卖点。如果随便选择一个,你选出错误卖点(甚至导致明信片全军覆没)的概率是 50%。更好的方法是将明信片分成两个批次寄出,第一个批次的标题为"味道好极了",另一个为"无添加剂"。两批明信片附上不同网址,以便衡量它们的点击率和转化率,看看哪个卖点带来了更多的潜在客户。

在网络上,你更可以便捷地测试不同标题、文章、图片的销售力(这种方法称为多变量法,你可以同时测试多个变量的多个版本)。因此,如果你要在线上销售产品,并在登录页面放了大幅的宣传图片,但转化率较低,请不要放弃该产品。

你要做的是测试不同的标题、视觉效果、定价、优惠……你会注意到，采用新标题或者改变价格后，订单会有小幅度的增长。请把你测试出的因素应用到产品销售上，销售利润将会大幅增加。

诊断，从最基本的问题开始

应该如何诊断你的营销计划？先问自己一些基本问题。

- 经济衰退对我的业务有影响吗？
- 我的潜在客户和新的商业机会比正常情况下要少吗？
- 我的销售额是增长、下跌，还是持平？
- 我的订单平均价格下降了吗？
- 完成销售的时间变长了吗？
- 客户是否讨价还价？
- 哪项营销活动看上去有效？
- 哪项营销活动的结果不尽如人意？
- 我的活动获得了预期收益吗？活动是否保证了收支平衡？
- 哪项营销活动最能提高销售额和吸引新客户？
- 发生什么对我来说是灾难？
- 有没有什么活动完全不了了之？
- 哪些行业内或市场上的变化在影响我的业务？
- 我的哪项服务带来的利润最大？
- 哪项服务带来的收益最少？为什么？
- 我需要再做些什么？

微调也能让营销活动重回正轨

当营销活动对产品销售起不了作用时，不必绝望，你仍然还有选择。若实际营销效果与期望值相差不远，也许你只需微调策略；若相差甚远，以下几个建议有助于你重回正轨。

- ◆ 调整现有服务，以便能更好地迎合市场需求。
- ◆ 重新设计产品包装，定义服务选项，以更低的价格出售产品；
- ◆ 让付款方式更灵活。
- ◆ 学会更加准确地传达自己的意思和读懂别人的心思。在和客户交谈时要找准关键点。
- ◆ 提高自己的可信度，有助于攻克那些谨慎的大客户。
- ◆ 培养自己在客户面前脱颖而出的能力。

要实现任何长期计划，坚持是最重要的，你必须抵制容易使计划搁浅的诱惑。你也要沉住气，给自己的计划一些时间。记住，改变和增长都是阶段性的，偶尔集中爆发。你应该注意的影响你实现目标的重大改变。怎样才算得上是重大改变？——你所瞄准的利基市场和竞争环境发生了根本性变化。

赚钱系统是这样打造出来的

每一天，用愿景唤醒自己。你的思想既是你最宝贵的财富，也可能是你前进的障碍。因此，每天早晨，你必须用愿景使自己保持清醒。克莱门特·斯通（Clement Stone）和厄尔·南丁格尔（Earl Nightingale）都曾说过："一个人能想到和相信的事，就能做到。"千万别认为这只是胡说八道。信仰的力量无可代替,当一个人有信仰时,他潜意识里知道如何克服困难。这将是你对自己性价比最高的投资。放手去做吧!

专注于你的利基市场。成为这个领域里的专家,不要被自己的职位所限制。你对市场面临的挑战越了解,你对公司便越有价值。

时刻关注目标客户。网络、调查、在线社区论坛、贸易杂志以及其他的一些组织,都是你了解目标客户的重要途径。密切关注新闻,了解世界环境和商业环境的变化对你目标客户会造成的影响。

密切关注竞争对手。如果你的客户认为你提供的产品不能满足他们的需求,那么他会向你的竞争对手靠拢。而你,就成了输家。所以不要成为最后一个知道竞争对手动态的人。

保持你的独特优势。如果你已经完成了前四个步骤,那么你该知道,现在是时候再次作出调整。你要改变宣传语调,想办法传递出不一样的信息,也想办法更靠近你的客户。这是你保持唯一性的重要途径。

每天采取行动。紧跟你的时间表,将你日程表上计划的事项全部完成。在周末时,给本周的努力值和完成度打分。如果你在努力值这一项得分为A,而完成度这一项得分为C,说明麻烦即将到来。

每次只专注于一份营销计划。人们制订计划时,最容易犯的错误便是试图一次多完成几个目标。如果你能将自己的注意力放在同一个想法、同一个工程或者同一个目标上,将会激发出自己巨大的能量。

向自己提问。当你想到自己的目标时,要问自己该怎么样做才能实现。相对于许愿或者自我陈述,你潜意识会回答并且解决你的问题。

祝贺自己。现在你已经完成了全球仅3%的人才做到的事情——设定目标,制订实施计划。所有的研究结果都告诉我们,如果你设定了目标并且朝着它不断努力,那么你成功的概率要比大部分的人都大。

成为督促自己成功的外部力量。制订并实施计划,你将拥有一个超出你想象、拓展你事业的赚钱系统。

第 13 章

内容营销,让受众自己找上门来

在信息爆炸的时代,最稀缺的是注意力,人们对接收到的信息也愈发不信任,所以,在营销活动中想要获得更多人的关注也变得愈加困难。值得庆幸的是,有一种营销方式可以吸引受众关注,并让他们主动找上门来——只要你真的有"生产"内容的能力。

在过去的五六年，一些新的营销趋势开始出现，并变得更加普遍。其中最引人注目的，就是内容营销，其他包括数据分析（见第9章）、移动营销（见第14章）、搜索引擎优化和社交媒体（见第15章）。

作为营销计划的一部分，你需要关注内容营销。内容营销使用具体内容（主要以文字为载体）来吸引潜在客户。比如向潜在客户发送具有吸引力的电子邮件，为他们提供一份免费报告或白皮书。有关示例，请参阅我的电子报（www.bly.com/reports）中"直接回信"（The Direct Response Letter）的注册框。

内容营销是解释如何执行某个任务或解决某个问题的实用信息，它通常与你的产品用途或客户关心的问题相关。内容营销被认为是"软性推销"（soft sell），其主要作用是提供信息和培养客户。而"硬性推销"（hard sell）则是直接号召消费者快来买某样产品的广告。我们可以在很多媒体和渠道上进行内容营销，其中包括特别报告、白皮书、案例研究、博客文章、PDF格式的电子书、Kindle电子书、纸质书、小册子、YouTube视频、网络研讨会、播客和PPT等。简而言之，有助于你和客户之间建立关系和信任的一切渠道和方式都可以做内容营销。

因此，内容营销不是一个直接的销售过程，而是鼓励客户购买。它可以回答客户可能出现的疑问，包括产品的使用方法、技术和应用。回想起来，内容营销是讲述一个在某种情况或多种情况下，与大多数人相关的故事。

多样化内容营销：从白皮书到电子报

请记住，内容营销的载体未必一定是纸质文本或电子文本。人有 4 种基本的学习模式：阅读、观看、聆听和实践，我们可以针对每一种模式展开多形式的内容营销。（参见表 13.1）。

表 13.1 内容营销与人的学习模式

学习模式	内容形式
阅 读	书
	PDF 文件
	Kindle 电子书
	特别报告
	白皮书
	博客
	文章
	通讯录
观 看	电子课程
	DVD
	MP4 视频
	幻灯片
	电视
	富媒体广告/Flash 动画
	信息图表
	漫画书
	YouTube 视频
	Pinterest & Instagram

(续表)

聆听	CD
	MP3
	博客
	网络电台
	演讲
	网络研讨会
实践	研讨会/讲习班
	训练集中营
	会议
	演示
	……

白皮书

比起其他内容营销资料，白皮书更专业，它广泛用于企业间的商务往来。白皮书提供了一种视角，他们要么贴合政府政策，要么运用翔实的数据和事实来描述产品或服务。

一本标准白皮书的篇幅是 8～10 页，不过也能短至 4 页。作为营销策略的一部分，少数白皮书在撰写时要考虑到不同的受众，如公司 CEO、供应链管理者或 IT 管理者。针对 IT 人士的白皮书需要多使用科技语；一些受众可能需要了解产品如何降低生产费用，因此产品销售前后的成本比较表可能需要呈现在书中。尽管白皮书的版面、样式和获取途径千差万别，他们大都遵循类似的大纲。

◆ 封面，主标题和副标题。
◆ 目录。
◆ 摘要。

- 问题简述。
- 正文（包括备用方案探讨和最终方案推荐）。
- 结论。
- 联系信息和行动呼吁。
- 作者信息（包括该书出版公司的详细信息）。

最好的白皮书不仅仅是"信息倾销"，也要解决特定的销售问题。例如，某公司主要销售高端的内容管理系统。这次营销的难点不是解释产品的特点和价值，而是让潜在客户知道什么是内容管理系统及其运行方式——允许相关领域的专家和内容所有者无需技术支持就能更新企业网址。最关键的是这种内容管理系统非常昂贵，而且潜在客户的高级管理团队（主要是 CEO 和 CFO）觉得使用该系统难以收回投资成本。

解决的办法是出版一本白皮书，介绍如何计算新内容管理系统的投资回报率。这样一来，内容管理系统的供应商就能使客户预见该系统是一个利润中心，而非成本中心：约半年之内，成本能被收回，此后该系统会将节约时间和资金的作用发挥到最大。

案例分析

案例分析是用一个故事模板来阐述公司或者个人如何使用产品来解决问题。它不仅是一个有着美好结局的故事，还是一个强有力的产品宣传资料。通过分析广泛的客户群体，案例分析提供了与每一个目标读者直接或间接相关的信息。它具有多样性，几乎可被用于市场营销的每个方面，同时可被基于工业、人口、地理的部门指定为目标分析工具。案例分析对营销人员和消费者都有吸引力，因为它们都是以真实的生活经历为基石。因而，具有高度真实性的案例分析被视比起让消费者没那么信任的传统广告，可是占据了一个大大的优势。

福里斯特研究机构（Forrester Research）的一个调查指出，71%的买家是基于对产品的信任和可信度而作出购买决定。将产品和消费者的积极消费经验结合起来，是在市场中建立可信度的最好方法之一。让你的客户对你所提供的产品充满信心，将会极大地提高他们与你做交易的可能性。

虽然案例分析从表面上看不过是一张纸，但每一个案例分析都阐释了一个产品是怎样有效地解决问题。大部分的案例分析只有2～3页，大概有750～1 500个单词，其中不仅有技术性的分析，还有更多有趣的故事情节。一个案例分析首先是呈现问题，同时指出任何可能的限制和冲突。当有相似问题的客户看到案例分析中的解决之道时，他们想要购买产品的欲望就会得到刺激。大部分案例分析都包括以下内容。

- ◆ 客户是谁？
- ◆ 客户看中的是什么解决方案，他反对什么，为什么反对？
- ◆ 为什么客户选择我们的产品作为他们的解决方案？
- ◆ 描述出产品将会解决哪些问题，怎样解决？
- ◆ 客户如何以及在哪里使用此产品？
- ◆ 客户将得到什么样的结果和好处？
- ◆ 客户会推荐给其他人吗？为什么？

专题报告

互联网为我们提供了完美的搜索工具。这就是为什么很多人在遇到问题时，纷纷求助谷歌。它让人们很容易就能找到关于任何主题的有用建议。这些建议，通常以可下载的专题报告的形式出现。专题报告能给网站带来流量并增加销售额。正如"社交媒体检验者"（Social Media Examiner）的创始人迈克尔·史特尔茨纳所说："如果你给读者一些有价值的东西，他们会回馈给你们忠诚及订单。"

读者喜欢专题报告，因为他们很专一。专题报告中的内容主要是关于某一个单一问题的解决方案。例如，一份专题报告可能回答了如何选择电子邮件的策略；另一份报告可能详细说明了如何进行有效的电话推销，以及如何根据拟定的策略回答客户的问题。你可以构建一个包含各种专题报告的文库，这能让你成为一个知识渊博的内容营销专家，而且这些报告可以反复使用。例如，当客户在线购买你正在宣传的产品时，你可以将一份专题报告作为赠品送给他。

随着时间的推移，你可以将众多专题报告汇编为一本电子书，用作额外的激励，促使潜在客户回应你的电子邮件或其他营销活动。其他类型的报告、电子书和 PDF 书籍，也可以作为资源指南，这对于不知道从哪里获得所需产品和服务的客户很有价值（例如，访问 www.bly.com，并点击"供应商"看到我的在线资源指南）。

迷你书

还在寻找吸引客户的机会吗？试试迷你书吧！这是一种全新的信息"磁铁"，是未来大多数人选择的阅读方式。迷你书的规格一般为 3.5 英尺 ×5 英尺，它的封面、烫印标题和文本具有冲击力，排版布局适宜阅读。这些优势使得它击败了电子书，赢得了读者的青睐。迷你书的尺寸给人一种"读完用不了多长时间"的轻松感，相比于排版传统的图书来说，迷你书有以下几个优势：

- ◆ 排版独特，让迷你书从白纸堆和其他图书中脱颖而出。
- ◆ 尺寸小，便于携带。你可以把它放在口袋或包包里，这样在等公交或地铁的间隙也可以阅读。
- ◆ 篇幅有限，易于写作。相比于一本字数为 8 ~ 10 万字的标

准图书，一本迷你书的篇幅通常是它的十分之一。因此，你不仅可以更快地完成创作，而且节约制作成本。

迷你书的作家们已经创造了很多成功的典范，为产品带来了超高的销售额。

如果想了解更多关于迷你书的信息，请浏览网站 minibuk.com。

视听演示文稿

视听演示文稿包括在线视频（如 YouTube 视频或其他平台的视频）和网络研讨会。网络研讨会上展示的详细图文信息是观看者了解产品的重要途径。你可以把幻灯片制成视频，放到自己的网站，或其他平台。

播客也很受欢迎，人们能从苹果商店里预订精选的播客视频。一些演讲或视频的字幕也可以作为文稿，比如在幻灯片中展示产品图表信息的文本。虽然这种文稿没有那么详细，但白皮书和案例分析亦如此。再如，YouTube 上有一些教做手工的视频，教人们如何动手。视频一步一步教人们使用什么样的工具，怎样使用工具，而网站还会提供和该视频相关性较高的链接，以供有兴趣的人找到其他的视频，订阅电子杂志，并购买视频中使用过的产品。

信息图表

信息图表，即为可以传递信息的图表。如今，人们可以用不同的设计方法，以不同的分析角度，将复杂的数据信息以较为轻松的图文方式展现在读者面前。但一些传统写作风格作家，比如史蒂芬·菲尤（Stephen Few），认为信息图表被过度使用了且还具有误导性。菲尤说："如果我们知道如何恰当地使用和设计信息图表，信息图表才能发挥其效果。对于信息图表的探索还要继续，但那些组织机构把大把的钱浪费在一些效果还不如直呈文字的图表上。"大多数营销人员会告诉你信息图表能扩大阅读群体、增加订购量、增加点击量、加强品牌效应,以及提高谷歌搜索排名。

图 13.1 是一张典型信息图:信息垂直分布在一张信封大小的纸张或海报上。与线性的文字写作不同,信息图像白皮书一样通过事实、标注、曲线图、图表和图片来传达信息。优秀的信息图能紧密地围绕着一个单一的主题。

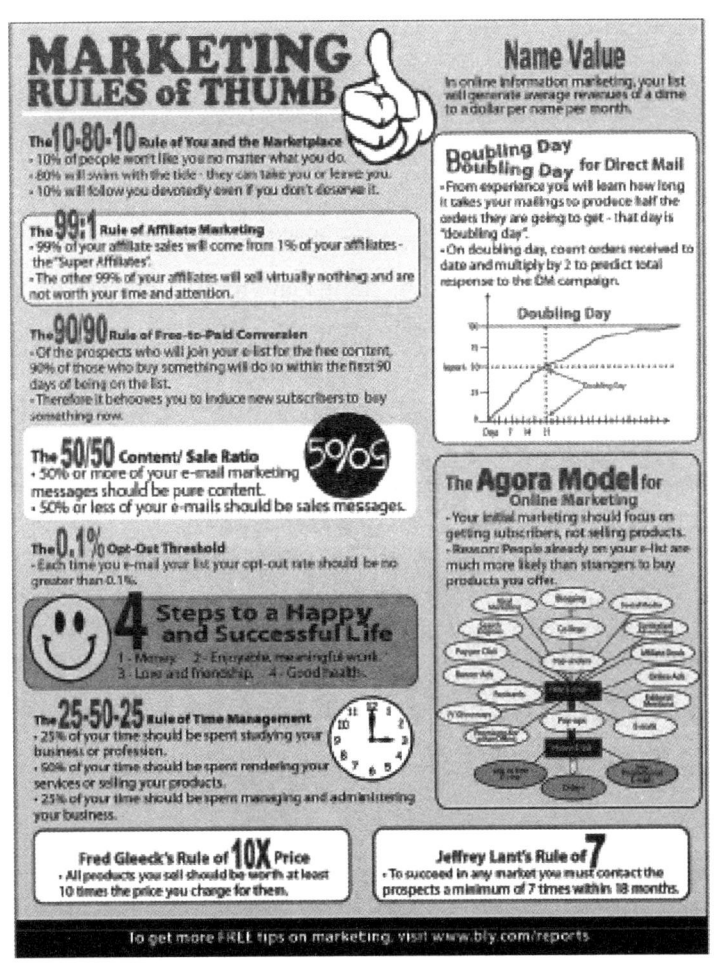

图 13.1　信息图表示例

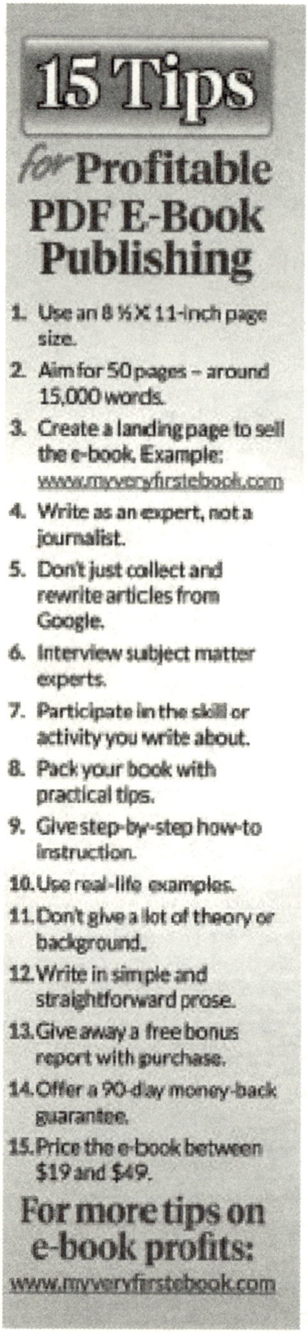

也许信息图有点无聊，但它能像表格一样提供数量和比例等一些细微且重要的信息。设计一个包含产品的信息图时，主题要放在中央，还要在右上角附着一张图表，左上角放一些文本内容，而剩余的空白部分由其他相关图片和信息填充。信息图的目的就是以中心信息为重点，周围信息为辅助的方式，让读者简单明了地了解和记住信息。下面的一些网站可供你免费制作信息图。

Venngage (www.venngage.com)

Infogr.am (www.infogr.am)

Piktochart (www.piktochart.com)

Canva (www.canva.com)

Easel.ly （www.easel.ly)

作家约翰·克雷默（John Kremer）发明了与信息图表类似的一种图表，叫做简信息图（tipographic）。这种图表在设计上更加简明（例图见 13.2）。简信息图可以达到和信息图一样的效果，而且制作成本更低。一个图表设计者曾向我要价 1 000 美元的信息图制作费，而制作一张简信息图只需 100 美元。

信息图应该起到引流作用，将流量

图 13.2　简信息图

引入登录页面，且一般不能放到网站页面的下方。你可以在 Pinterst 和 Instagram 上粘贴信息图来增大自己网页的访问量。

博　客

在搜索引擎的网站排名结果中，谷歌会对一成不变的静态网站进行处罚，奖励定期更新内容的网站。每周写几篇 300 ～ 500 字的博文，就能极大地满足谷歌更新网站内容的需求。你的博客订阅者越多，博客内容就会获得更多的曝光。

相对白皮书，或者其他正式的市场营销手段，博客会更个人化些。最有效的博客会同时输出具有丰富思想观点和实用价值的信息。一个博客给了你表达观点的自由，但你不可以仅仅是大声叫嚷，在行文中，你必须有可靠的意见。

"访问你博客的人想要获得一些信息，"奥吉·杜拉科维奇（Ogi Djuraskovic）在他的电子书《如何开始写博客》（*How to Start a Blog*）中写道，"他们希望了解更多或者持续更新的话题，从未有足够的信息可以满足收藏家和狂热分子的贪婪胃口。他们渴望更多，而你可以给他们想要的。"定期阅读你自己的博客。当访客或订阅者评论你的博文时，你应当适时地回复。博客读者喜欢和博主进行互动，作为博主，你要用友善和询问建议式的语调与对方沟通。

电子报

电子报是内容营销另一有力的工具。我的电子报《直回信》涵盖了市场营销及与之相关的商业主题，现已有 6.5 万名订阅读者。电子报有两种形式：一是文摘，一般摘取几篇短小文章或几小段概述；另一种就是每期发行单个主题的长文。两种形式我都有涉及，每篇电子文章通常为 400 ～ 700 字。

电子报的更新频率灵活多变，既可一月一次，一周一次，也可一月两次或一周多次。电子报既可为纯文本，也可为色彩华美的HTML，我更钟情于前者。文本邮件快捷、简便，且制作成本低。邮件营销专家本·塞特尔（Ben Settle）指出，纯文本虽然不够美观但便于阅读，因为篇幅短小。

另一种确保网站文章符合谷歌当下前沿内容喜好要求的方法就是，对往期电子报主题做存档。和博客一样，电子报也应该有趣且实用，适当发出一些具有争议性的内容也能激发读者的激情兴趣。我们曾为一家大型电信公司编写了一份电子报，说他们的无线协议比竞争对手的协议更好。

如果你想通过在自己的电子报中销售产品和服务赚取外快，就要保证电子报的实用性。如果你老是发送各种销售广告，读者很快会产生厌恶心理并取消订阅。

内容从哪来？做一只"内容八爪鱼"！

内容营销需要一系列策略，比如多久发一篇博客或写一封邮件。你可以创建一篇日历，记录发布内容的时间，也可以与30天的行动计划结合。做内容营销的关键在于收集信息，以及按照相关内容和不同主题存放好，或者你也可以用类似于"印象笔记"的软件收集和保存一些网页上有趣的信息。如果你曾写过电子书，可以从书中挑选出一小部分内容，重新组合成读者感兴趣的话题，然后判断这些信息可以在哪些平台进行有效传播。在不同的平台（例如Facebook、Twitter和Pinterest），有些消息需要重新设计。

如果你观察过自己社交媒体的互动情况，你可以发现查看推送消息的群体和时间。如果你将某条消息发送给早间人群，然后再发送给晚间人群，网站数据可以告诉你有多少人浏览，在哪些消息上打开链接。你也可以对比一下，这周的消息响应是否比上周的少。

不同的时间段，针对不同的内容，需要使用不同的传播策略。如果某个策略有效，那就不要改变，可以一直沿用。好好评估你的内容，要确保有趣、观点新奇。

将关键词加入内容中也很重要。你可以同网上其余商家一起合作——他们可以使用你的博客，而你可以在你的网页下方推广他们的产品。同其他网站上的博主合作也很有效，他们能帮你打响名号，推销你的产品。

除了搜集相关资料来构建自己的营销内容，你还可以采访该领域的专家。以著名专家的发言作为营销内容，会提高客户对公司的信任感。为了找到某个产业群体，你可以注册成为某一产业网站的会员，比如 Thomasnet.com。该网站适用于寻找供应商，以及特定行业的产品和材料。网站上列出了 70 多万家供应商，并以公司类型、地理位置、公司所有人和所持证书状况进行了分类。通过链接，我们可以进入相关公司的网站，看到该公司的简介。

政府网站提供的丰富信息对你创建营销内容很有用。比如美国政府和政府印刷局，你在这里能接触到美国政府出版物的目录，你也可以转到联邦寄存图书馆页面。同时，你还可以通过 metalib 联邦搜索引擎访问到许多的美国联邦政府数据库。大多数公共领域出版物可以作为你的内容营销资料，只要你注意其真实性。

在设计内容营销的主题时，先考虑免费的内容，例如公版书和其他出版物。你可以经常在版权局的数据库查看版权情况。有许多的网站可以研究公版书，只有少数人把 Gutenberg.org、Archive.org、Alibris.com 和 classic-literature.co.uk 作为一个起点。

一旦你找到了一本公版书，就可以随意使用它：增加与你的主题或项目相关的内容，并且添加精美的插画和照片。你唯一需要支付的可能是摄影师和插画师的工资。在声明了图片版权后，你就可以出售被你编辑过的公版书了。

有针对性地在主流新闻网站开通新闻推送服务，能让你即时得到想要的新闻。谷歌快讯还能够推送你想要搜索的信息，并通过电子邮件发送给你。通过在 Hootsuite.com 中设置自动关键字搜索，你可以利用 Twitter 获得你所在行业的爆炸新闻。

四"R"：内容营销的保鲜剂

请管理好你的内容，使其与客户的需求相关，这对于促成合作和打开销售局面至关重要。在进行内容营销之前，请仔细检查你的内容，即使它以前的效果很好。你可以根据以下的四个"R"，为内容营销制订新的策略。

更新（Refresh）

当你再次发布此前的一篇内容时，请确保它的准确性，否则要及时更新。例如，你去年可能发布了一篇文章说 ABC 是查找免费图片的最佳网站。如果你本人并不使用 ABC，那么就要亲自确认一下它是否仍然在继续提供免费图片。没有什么比发送给客户一个已经失效网站更糟糕了。如果该网站失效，请迅速研究一下其他提供免费图片的网站。事实上，你可以在原文上添加几个新的类似网站，写就一篇《免费图片网站大汇集》的网站。

回收利用（Recycle）

回收利用，是指从之前发过的内容（例如博客或电子书）中截取部分，并作为新内容发布。你可以使用一年前发过的博客，若你在博文中添加了某篇报告、产品或服务的链接，你只需要稍微修改一些文字，同时保留链接。如果你的电子书中曾描述过一个流程，请将其转换为视频或动态照片。

撤回 (Retire)

随着科技的发展和社会环境的变迁，有些内容总会过时。几年前，通过邮件来获取客户信息的方法变得不再那么重要。许多更专业、高效率的公关公司走入了营销人员的视野。因此，不要再守着过时的营销内容，跟上潮流的变化很重要！

更换（Replace）

正如上文所言，你需要适时调整用于营销的内容。不过采用新的内容板块也是很重要的，比如雇用最好的专业公司来维护电邮名单列表。每一个内容板块都是有价值的，你可能需要更换一些旧的博客，例如你可以将一些最新的信息放上去，甚至是附上静态链接，如果可以的话，最好用上搜索引擎优化的一些招数。当你的产品准备发布新版本时，最好在标题顶部或底部写上编者寄语，指出第一版本发行时间，标注新版本改善的内容。

策展，必须"夹带私货"

内容策展是从多个来源收集信息的过程，作为某个既定主题的一部分。例如，有人可以在网络上收集众多摄影师的照片，作为美国国家公园主题的一部分。值得注意的是，按照《版权法》的规定摄影师的名字必须与他们的照片一起列出。

所以，注释照片或信息的出处很重要。你可能需要向摄影师支付费用才能在策展场地上展示这些照片。

成功的内容策展应将策展内容与你的原创内容混合或交替展出，以反映你想要宣传的主题、产品或服务。这一策略对于你与客户建立关系有重要作用。如果你可以提供有趣和发人深省的内容，客户就会主动来找你。互随[①]（Hootsuite）的集客营销专家克里斯蒂娜·西斯内罗指出，他的团队每周生成一篇名为《本周社交》的帖子，里面除了固定内容外，还有最新的社交和科技新闻。类似的内容策展，几乎可以运用到各行各业中。

请仔细阅读用于策展的内容。在某些情况下，它们的标题和初始主题可能与你的品牌相匹配，但是最后传达了你并不苟同的内容。在读者看来，既然你分享这篇内容就意味着你对它的观点表示同意。你应该避免这种灾难。

有许多内容策展工具，可以帮助你摘编信息以转发给你的受众。TweetedTimes.com 能生成一个报纸风格的新闻汇总，然后分享给自己的 Twitter "粉丝"。Pinterest 是另一个重要的策展工具。除此之外，还有 Feedly.com、Storify.com、List.ly 和 Bundlr.com。学习并选择一款适合自己的工具，有助于你制订自己的内容策展并为未来的内容营销提供新思路。

[①] 互随是国外一个社交媒体管理平台。它采用了 Klout 开发的计算互联网影响力的算法，帮助企业根据其关注者在 Twitter 上的影响力，来分类这些关注者，让企业和品牌可以更好地与关注者进行沟通。——译者注

第 14 章

移动营销，更精准、更有效

如今，我们已经进入一个大数据的时代。用户每天从手机中各种渠道获取大量的信息，如果你能成为他们的信息源之一，恭喜你，你已经走出了移动营销的第一步。千万不要忽略移动营销的威力，随着移动设备用户的增多，更多的客户在等着你挖掘。

每个做移动营销的人都有两个重要理由。

第一个理由和谷歌有关。为了使全世界的移动用户得到更高质量的搜索结果,谷歌在 2015 年 4 月 21 日提高了"移动友好"在搜索排名中的权重。简单来说就是,非移动友好的网站将获得较低的搜索排名。没有哪位在线营销企业家会无视谷歌的公告,除非他和钱过不去。

第二个理由:移动设备是商家和消费者最亲密的沟通媒介。没有比手机和平板电脑更普遍、更私人的移动设备了。据统计, 2011 年平均每个美国人每天用手机进行社交的时间为 2.7 小时,是他们吃饭时间的两倍多。人们几乎随时带着手机,连洗澡时也不例外。机敏的商家当然无法忽视这种"亲密度"。

据统计, 2014 年 10 月, 64% 的美国人都拥有智能手机,到 2015 年 4 月,该数值为 77%。根据手机用户的数据,我们可以预测移动用户将持续增长。事实上, 2014 年 8 月时,临界点已经到来:通过移动设备上网的用户正式超过 PC 用户。以下是一些关于移动营销的事实。

手机的数量比地球上的人口总量还要多。这意味着手机总量超过了 72 亿部。同时，这一数量还正在以人口增速的 5 倍速度增长着。在浩瀚的人类历史上，还没有一种技术能像手机一样对我们产生如此大的影响。

2015 年，移动端的搜索广告支出超过了 PC 端。在美国，手机的广告支出猛增 50%，预计该数值将在 2016 年升至 60%。需要提醒的是，应用程序广告与移动互联网广告的开支比例接近 3∶1，应用程序广告支出占绝对优势。

19% 的人有过手机掉入马桶的经历。59% 的智能手机用户称，他们会将掉入马桶里的手机捞出来。"求助！我手机掉进厕所里了！""手机掉进厕所里了，我该怎么办？""如何修好掉进厕所里的手机？"这种问题一度挤上了谷歌的热搜榜，似乎也不足为奇。

75% 的美国人会将手机带进浴室。男生似乎更离不开手机，30% 的男生在如厕时一定要带上手机。女生的情况差别不是太大，20% 的女生每次进入浴室时都带着手机。

美国成年人中拥有智能手机的比例由 35% 跃升至 56%。与此同时，没有手机的成年人比例降至历史低点——9%。

30% 的美国消费者进入实体店消费前，会先在手机上搜索相关产品。40% 的美国消费者会先逛逛实体店，再通过电商渠道购买产品。93% 的消费者会在上班路上用手机网购，90% 的消费者会在家里用手机网购。

五年之内，移动钱包将会成为大多数手机用户的首选付款方式。相比全球移动钱包的使用数量，美国人似乎还没有完全习惯移动支付这种付款方式。但预计到 2018 年，美国的移动支付总额将会从 2014 年的 37.3 亿美元增加至 230 亿美元，上涨幅度高达 500%。

2011年，网购星期一①（Cyber Monday）的销售总额同比上涨了30%，移动销售额同比上涨了96%。2014年，网购星期一的销售总额同比上涨了约9%，而移动销售总额更是取得了巨大的增长——同比上涨了29.3%，即每五笔交易中就有一笔是在移动设备上支付。2014年，网购星期一的网上消费金额达到了20亿美美元，比2013年上涨了17%。

64%的手机用户表示，他们收到移动广告后会在手机上购物；但将近74%的调查对象表示，他们从未收到过自己青睐品牌的移动广告。 75%的消费者收到快消品的移动广告后会用手机浏览网店，该人群占一般消费者的96%以上。同时，37%的平板电脑用户曾直接点开广告链接，而有43%的手机用户会点开。由此看来，手机用户点击移动广告的概率略高。

另外，尼尔森公司的调查显示：高达84%的手机及平板用户在看电视时会用手机同步观看，即多个屏幕同时播放。显然，数据营销人会让互联网"移动"起来。毫无疑问，除了移动设备，任何媒介都无法做到让用户随时随地实现自己的需求。

移动营销就是商家以移动设备为媒介和消费者进行频繁、密切的互动。小企业主及商户会对传统和数字营销渠道进行整合。把营销重点放在移动端肯定是可取的，因为移动设备有着高私密性和普及率。你看看周围：人们随时随地都带着手机（仔细观察，大部分人不愿分享他们的手机信息）。这意味着，你的营销推广信息将即时可读并产生效果。

更令人惊叹的是，移动手机：

---

① 在美国，商家会在黑色星期五后的第一个星期一列出大打折扣的商品，发布在网上，客户可以在线购买。——译者注

令灵感一触可得。如今，手机成了一种实用的工具，从拍照录影到记录稍纵即逝的想法，它帮助用户捕捉、实现灵感。这让一些针对移动端客户的营销活动变得更有互动性，而手机成了病毒式营销活动中不可或缺的一部分。

提供精准的用户评估。手机用户的每一个行为，全都可以被追踪。这些追踪数据让营销人员可以准确地为产品定位。你要意识到，互联网的存在，让一些营销公司能够抓取到自己想要的数据。

制造消费热点。由于从手机发出的任何消息都可以被统计、追踪，这意味着成熟的数据库可以挖掘出手机用户的一些行为偏好。我们可以结合自己的产品，针对他们的行为偏好做一系列的营销活动。

首先，制订移动营销策略

当你准备将移动营销整合进营销计划中，请先回答以下问题。

- ◆ 你的客户是谁？你还想争取哪些客户？
- ◆ 谁会被移动端的内容吸引？
- ◆ 你的客户有什么任务及需求？
- ◆ 你将使用哪种移动渠道？
- ◆ 你会从哪种基调或角度来激发客户的参与热情？
- ◆ 为什么你的客户需要从你这里获取信息？
- ◆ 目标客会使用哪种类型的移动设备？
- ◆ 在日常生活中，客户将如何使用你传递的信息？
- ◆ 你将如何保证移动端内容的黏性和吸引力？
- ◆ 你将如何综合利用各种移动渠道？

- ◆ 你将如何创造双赢机会？
- ◆ 你将如何推广移动营销活动？

当然，你还需要明确自己的移动营销目标。你是想要扩大客户对业务通讯的注册量呢？还是要创造商机？或是直接进行销售？目标一旦明确，请谨记五大SMART原则：明确性（specific）、可衡量性（measurable）、行动导向性（action-oriented）、可实现性（realistic）以及时效性（timely）。

现在，就从进一步了解移动营销渠道开始吧！

移动网站

一些商家专门为移动设备设置了一种子域。手机（或其他移动设备）用户若想要链接到某一网站，站点会自动确定访问源，并且重新引导用户进入一个可访问的移动子域。此举是为了构建一个能够快速加载的移动站点，它为用户提供了一种全新的使用体验。另外，为了提供一些低成本、半自动化的大众化移动站点，很多商家也会选择与某些网络托管公司进行合作。

短信服务（SMS）信息传送

如果你对短信营销存在质疑，那么你可以看一看这组数据：在选择开通这项服务的客户中，有95%的人在收到信息的3分钟之内会打开并阅读短信内容。可见，短信营销非常高效。据说，短信营销的流程很复杂，并且会受到很多规章制度的制约。但实际上，这些规章制度针对商家和客户双方，也就是说它会保护客户不受垃圾营销的侵扰，同时也会保护商家不会受到一些莫名其妙的控诉。最重要的是短信营销是在被许可的前提下进行的，商家必须让自己的短信营销模式充分透明化，并且以书面的形式体现出来。

移动客户端

现在有很多提供信息资讯的手机软件（App），它们有的可以记录热量的摄入情况，有的能制订运动时间表，还有的能引导用户在思想的海洋里遨游。目前，手机用户正在寻求更多、更好的手机软件。

对于商家来说，这是个好兆头。因为他们可以利用手机软件来扩大品牌知名度，提升自己对于消费者的吸引力。与此同时，商家也必须对自己的客户有一个全面的了解，这样才能为客户打造一个功能全面的手机软件。商家可能会想要先推出一个免费的版本让消费者体验一下，然后让他们自己决定是否要花钱使用一个有着比试用版本更多特色和内容的优质版本。

这里有一个相关案例：Rovio 娱乐在刚开始推出"愤怒的小鸟"这款游戏时，就曾经推出过免费版，而付费的客户可以体验更有挑战性的关卡并获得更多额外的惊喜。

移动设备运动和移动广告

移动营销能使商家和客户展开互动式的对话。若要使这种互动式对话真的发生，则需要以下条件：屏幕大小合适的移动设备；简明易懂、有煽动力的广告词；步骤简单的活动流程。

移动营销并不是为了你的便利而存在，发送到移动设备上的广告或者折扣信息，对接受者而言必须有价值。否则，就会变成一种骚扰。商家呈现在移动设备上的信息要尽量与接收者的购买习惯相一致。你的信息也必须做到与客户的购买记录及喜爱的商品同步传送。

最好的是，你能通过客户的购买记录来了解其需求。你甚至可以利用 Twitter 这个平台直接询问你的客户，他们想要的是什么。随后你要表示自己会针对他们的需求提供相应的优惠。这为你与客户对话创造了机会。你真的需要有战略性地管理自己在移动媒体发出的信息。

在开始移动营销的时候,你要侧重考虑的是客户能从你这里得到什么实际益处,然后在整个营销活动中将这些益处传播出去。

没有网站?选择你的移动版网站配置

以下为谷歌认证的构建移动端网站的三种不同配置。

响应式网页设计(Responsive Web Design)响应式网页设计是谷歌推荐采用的设计方案。该方案是通过同一网址中相同的 HTML 代码,根据用户使用的不同浏览设备(笔记本电脑、平板电脑、手机、非视觉浏览器),将网站内容呈现(即"响应")出不同的排列展示方式。如果所有"蜘蛛程序[①]"的用户代理都获许可以抓取网页及其相关数据(层叠样式表、Java 脚本语言及图像),那谷歌的算法应当能够自动探测出这一程序。

动态服务 不论用户使用的是何种设备,该配置均可根据服务器对用户浏览器的了解而生成适合不同设备类型的 HTML 网页版本。该设置可通过同一网址,根据用户代理请求的相应网页而作出不同的 HTML(以及 CSS)响应。

单独网站 单独网站向每个设备提供不同的代码。这种配置会尝试探测用户使用的设备,而后重新导出合适的页面。采用该配置时,每个 PC 端网站都有一个对应的移动版网站,用以提供移动端优化内容。

有网站?是时候刷高移动友好度了

随着移动互联网的快速发展,网站的移动友好度变得非常重要。如今,若你的网站只能服务于 PC 端客户,那谷歌将惩罚你。也就是你

---

① 蜘蛛程序(Googlebot),谷歌的网页抓取机器人。——译者注

的网站要同时服务于 PC 端和移动端用户，而响应式网页设计能做到。这意味着你的每个网页的内容、图像和排列在每个终端都保持一致。你不用担心不同设备访问网站时会出现问题，一旦你利用了响应式网页设计，即使在较小的屏幕上也能提供好的网站体验。最重要的是，响应式网页设计能提高转换率，切实地把闲逛的购物者变成掏钱的买家。

除此之外，响应式网页设计还有一个作用：让你做一些高端动态热图和 A/B 测试。在市场中，A/B 测试中有两个变量——"A"和"B"。它能测试出网站的哪一个设计方案能带来更高的转化率。网页动态热图（Web Heatmap）是基于一种监测眼球运动的技术，它通过研究访客与网站上信息的互动，确认出网页中被浏览得最多的区域。这也是数据分析的一种表现形式，它让你觉得似乎找不到一种更好的、提高转化率的方式。因为它让你既能划分出移动用户，还能了解这些用户在你网站的活跃情况。

那么该如何提高你网站的移动友好度呢？你可以通过谷歌提供的网址（www.google.com/Webmasters/tools/mobile-friendly/）轻松测试你的网站是否适合移动用户使用，还可以查看 Google 网站管理员工具中的移动设备可用性报告，以修复网站上的任何潜在移动设备问题。

如果你使用 CMS（内容管理系统），例如 WordPress，或由托管服务提供商提供的平台来构建网站的主题、设计和模板，你需要查看该软件或平台是否列在 Google "自定义你的软件" 教程中。幸运的是，每个教程都有步骤说明如何让你的网站主题和模板适应移动设备。

谷歌是否会给予使用响应式网页设计的网站更高的排名？

不会。无论你是使用响应式网页设计、单独网站，还是动态服务，谷歌对网站移动友好度的评估方式都相同。如果你的网站使用单独网站或动态服务，谷歌会建议你查看 "移动搜索引擎优化" 指南，以确保搜索引擎正确抓取你的移动网页并为其编制索引。

这些错误,真的不要再犯了

谷歌是网站移动友好度的终极仲裁者,庆幸地是它很清楚你的网站还需要做什么才能拥有较高的移动友好度。此外,你需要访问谷歌网站管理员移动指南(Google's Webmaster's Mobile Guide),它是一种创建和改进移动友好型网站的综合资源。但是,营销人员在将网站"移动化"时经常犯以下错误。

- ◆ 屏蔽 Java Script、CSC 和图像文件。为了被更好地呈现和索引,你必须允许"爬虫"程序访问你网站上的 JavaScript、CSC 和图像文件,以便系统将你的网站视为普通用户。如果你网站上的 robots.txt 文件禁止这些资源被抓取,你的网站排名会受到影响。

- ◆ 有的内容无法播放。一些视频内容不能在移动设备上播放,例如一些受许可证约束的视频;有的视频不受移动设备支持,或只能在特定的播放器上播放。当任何网站的页面出现了无法播放的视频,用户都会感到很沮丧。

- ◆ 错误的重定向。如果你采用了单独网址,你必须将每一个 PC 端用户重定向到适当的移动网址。若你最终重定向到了其他页面(比如总是到主页),这不仅是错误的,还是无效的。

- ◆ 出现 404 页面。谁愿意自己点击的网站呈现"404"页面?不幸的是,很多网站总会在 PC 端上发现 404 页面。为了确保最佳的用户体验,如果你意识到某位用户正在从移动设备上访问网页版网站,你需要把他重定向到移动版网站。但是,请确保那不是一个错误页面!

- ◆ 应用下载插页式广告。许多网站管理员都会向移动端的用户推广自己的原生应用。但是，插页式网页很可能会导致索引问题，并让访问者关闭网页。

◆ 无关的交叉链接。当网站在独立的移动网址上为用户提供服务时，常见的做法是提供从移动版网页转到网页版页面的链接，或从网页版页面转到移动版网页的链接。但是这里有一个常见的错误——链接最终导向了不相关的网页。

◆ 移动页面加载缓慢。你知道吗，大多手机用户希望网站内容能在4秒或更短的时间内加载完。可很多时候他们都很失望，因为移动端页面的平均打开速度是9秒。想要拥有一个能被快速打开的移动网站，就要删除网站上的低价值内容。（有多种方法可以加快移动端页面加载速度，比如减少文件下载、客户端JavaScript处理或缩小图片尺寸。）

邮件过时了？手机邮件还没有！

大概70%的手机用户，醒来的第一件事就是躺在床上查看电子邮件，而77%的受访者表示自己喜欢随时随地查看邮箱。（这些设有邮件提醒功能的受访者，每当听到手机振动或者提示音时便条件反射地查阅自己的手机。）如果有75%的移动用户选择在手机上查收电子邮件，你就应该尝试掌控电子邮件市场。然而，HTML和纯文本格式的邮件，你会怎么选择呢？

HTML格式邮件和纯文本格式邮件，孰优孰劣？

难以置信的是，手机邮件的打开率在过去3年间呈爆炸式增长。在2011年，手机端的邮件打开率是11%，而今天已经稳定到45%，增长了3倍多。与此同时，电子邮件在PC端的打开率下降了53%，

HTML 格式邮件的打开率下降了 10%。那你到底应该发送哪一种格式的邮件呢？如果你担心对方不能及时收到邮件，或邮件在发送过程中产生错误而你又急待回复，你最好发送纯文本格式的邮件。如果你想让邮件转化为订单，那你的内容需要做可视化处理，或者你有内部资源去制作一个可行的、完美的邮件模板，那么最好使用 HTML 格式的邮件。其实，转化是所有营销人员所追求的，因此大可不必拘泥于二选一的思维定式，两者皆可用！

我们必须明白，打开率不是百分之百准确的衡量标准。只有你向用户发送了展示图像的 HTML 格式邮件并被点开时，才能算作是"打开"，若你发送的是纯文本格式的邮件，是不会算作"打开"的。当人们阅读不带图像的超文本格式邮件，同样不会被算作"打开"。

电子邮件打开率的趋势

关于电子邮件的打开率，有一些明显的趋势值得注意。

- ◆ 随着邮件列表名单上人数的增多，邮件的打开率呈下滑趋势。
- ◆ 将目标集中在爱好者和支持者的公司或群体，如教堂、体育队伍、非营利机构，会有更高的打开率。
- ◆ 邮件的标题越具体，其被打开的概率越高。
- ◆ 通常，50% 的邮件在发出的前 6 小时被打开，80% 的邮件在发出的前 48 小时内被打开。

坚持手机邮件最佳范本

有八成以上的邮件订阅者表示，他们会删除那些在手机上阅读起来不方便的邮件。所以，针对手机用户，你要优化邮件阅读体验。最佳手机邮件不仅与移动设备兼容性好，而在且 PC 端也容易操作，可读性得到极大的提升。以下是一些让你的邮件在手机上读起来更方便的小贴士。

增大字体。可能字体大小对你的影响并不明显。但很多年龄偏高的阅读者提到，他们阅读移动设备上字体较小的文本有困难。幸运的是，苹果手机的推荐字体大小为 17～22 号，多数用户都能适应。为了提高邮件可读性，我建议你的邮件内文字号设为 14 号以上，标题的字号设为 22 号。

设置点击标志。正如描述人机互动的费茨法则（Fitt's Law）所示，互动目标的变大可以减少时间和精力。那这就意味着，我们应该为"阅读更多""购买更多"和分享功能放上点击标志。大的点击标志在移动屏幕上更容易被看见，如果你真的想使用文本，那就把这个法则记在心中。但是部分读者提到，下划线更有助于突出邮件。

简化内容。评估你的邮件内容，删除无用的或者无关的链接、文字和图片。要简洁，也要清晰明了。文字越少，人们越倾向于继续往下看。

使用单列布局。尽管许多在线时事新闻是多列排布，但呈现在手机上的电子邮件应该考虑转换成和小屏幕最搭配的单列布局。

放弃详细的导航栏。在移动设备上查看导航栏时，很容易出现故障，或者只出现与邮件内容无关的信息。

图片屏蔽技术。一般情况下，有很多邮件应用例如邮件前端、桌面客户端都会自动屏蔽图片。因此，让你的邮件无图化很重要。幸运的是，有很多方法可以与图片屏蔽程序作斗争。ALT 文本是绕开屏蔽程序的一大利器。当你的邮件阅读器无法显示图像时，你可在可选文本中找到它。添加可选文本属性十分简单，你要做的就是在图像标签中添加一个属性。

专家提醒：你可以通过添加些许内联CSS（计算机系统模拟）来改变字体、颜色、大小和风格，从而使你的可选文本更换到下一个水平。这项技术即所谓的时尚可选文本，是维护品牌并使图像趣味化的一个好选择。

注意文字和图片的搭配。这避免你的邮件被判定为垃圾邮件，并使得电子邮件清晰易读，无论图片是不是显示出来。

优化左上角的内容。许多邮件应用程序（包括某些安卓和黑莓应用程序），只会显示邮件内容的左上角。（发生这种情况是因为程序缺乏自动缩放功能，直接抛弃了电子邮件右侧的内容，并强制要用左右滚轮来查看完整邮件。）因此，你应该把重要的信息放在邮件的左上角。

注意安卓手机的显示风险。在大多数安卓设备上，所有电子邮件看起来都一样。邮件在安卓设备上的显示差异取决于用户的电子邮件设置，以及他们用什么应用程序打开邮件。如果你要发邮件给安卓用户，请考虑以下情况。

如果你使用的是两栏模板（不推荐使用），请确保左列较窄，右列较宽。研究发现，如果右列在邮件下载时正好占据了整个屏幕，读者很容易忘记还有一个额外的"隐藏"列。（安卓用户相反，因为他们首先看到的是左列内容。）

留心电子邮件边缘的边距和留白。例如，当一名客户使用Gmail，若你的文字靠近屏幕边缘，而且你的屏幕要横向滚动很长距离才能看到，用户就会直接跳到下一封电子邮件。

在文章中添加一个 Instapaper[①]   （www.instapaper.com）

[①] Instapaper 是一种保存网页以便稍后阅读的服务，它具有离线阅读的功能，分为"稍后阅读""收藏"和"档案"三项。——译者注

链接。这会让收件人有机会"保存"你的电子邮件,以便后续阅读。

使用媒体查询(media queries),**调整待发送内容**。这是一种根据媒体类型和功能调整待发送内容的方式。媒体查询可帮助你将电子邮件调整到适合在移动设备上观看的全屏宽度。此外,如果你使用媒体查询,单列布局是最好的选择。

第 15 章

社交营销，让"粉丝"变成消费者

从 Facebook 到新浪微博，社交媒体成了人们日常生活中不可缺少的一部分。同时，社交媒体上漫天的广告、推广已经慢慢被用户所接受。社交平台成为许多产品、品牌走入大众视角，实现咸鱼大翻身的重要阵地。所以，你的营销计划里真的不要加入社交营销吗？

社交网站既指以社群为基础的网站、在线论坛、网络聊天室，也指其他网络社交空间。它聚集了一群有共同点的人，分享彼此的观点、照片、文章、活动、事件和乐趣。在社交网站上用户可以塑造自己的公共形象并和其他用户建立联系。社会学家表示，一些受欢迎的社交网站（比如 Facebook 和 Twitter）带来的影响弊大于利，但你仍有理由将社交媒体添加到营销计划中。

不可否认的是，社交媒体完全融入了我们的生活中。Facebook 的用户已经达到了 15 亿， Youtube 的用户超过 8 亿，LinkedIn 的用户超过 3.32 亿，Twitter 的活跃用户数达 3.02 亿，Pinterest 的用户则有 0.7 亿（其中 85% 为女性）。总之，社交媒体的用户呈爆发式增长。在 2012 年 7 月，美国人通过家用电脑、应用程序、移动网页浏览器花在社交媒体上的时间分别为 740 亿分钟、408 亿分钟、57 亿分钟。也就是说，他们在一个月里有 1 211 分钟花在了社交媒体上。

从最近的数据看，平均每位网络用户每天用在社交媒体上的时间长达 1.72 小时，大约占据了所有上网时间的 28%。据统计，在 2014 年 1 月，有接近 72% 的男性和超过 75% 的女性使用社交媒体。现在，

56%的美国人活跃在社交媒体上，22%的美国人每天会多次使用一个或多个社交媒体。（23%的Facebook用户每天会登录他们账户多达5次，甚至更频繁。）2010年，一项关于Twitter的研究表示实际上只有47%的用户会发送推文。但是，最近这一数据变成了76%。关于特定社交媒体的使用情况，2014年9月的数据如下：

◆ 71%的成年网民使用Facebook。
◆ 23%的成年网民使用Twitter。
◆ 26%的网民会使用Instagram。
◆ 28%的网民会LinkedIn。

Statista自称是一个在线"统计门户"，它的统计来源超过18 000个。Statista的报告指出，2014年LinkedIn在第三季度有3.32亿会员，比起同年第一季度的2.96亿会员，增长幅度超过12%。从皮尤研究中心[①]的"2014年社交媒体报告"中，我们还得知以下信息：

◆ 52%的成年网民目前活跃在多个社交网站，与2013年相比有了显著的增加（2013年的数据是42%）。
◆ 超过一半的（53%）65岁及以上的成年用户使用Facebook，这占据了总老年人口的31%。
◆ 53%的年轻互联网用户（18～29岁）在使用Instagram，49%的Instagram用户每天都活跃在Instagram上。
◆ LinkedIn用户中拥有本科学历的比例高达50%。

---

① 皮尤研究中心是美国的一家独立性民调机构，总部设于华盛顿特区。该中心对那些影响美国乃至世界的问题、态度与潮流提供信息资料。皮尤研究中心受皮尤慈善信托基金资助，是一个无倾向性的机构。——译者注

"网络口碑"的力量

很多商家都已经认可了社交媒体的强大作用，并正在思考用其维系现有客户和挖掘潜在客户。65%的小企业主表示社交媒体不仅有助于他们保持与客户的联系，还能提高品牌认知度。据调查，51%的Facebook用户更有可能购买他们在线上关注的品牌。除此之外，使用社交媒体还有其他益处：

提升品牌忠诚度。德州理工大学（Texas Tech University）的学者在2013年发现，以社交媒体为传播渠道的品牌，客户的品牌忠诚度更高。同时，学者也建议，企业利用社交媒体来联系客户。

更多转化的机会。社交媒体上的每一条公告、评论都是和别人互动的机会，而每一次互动都可以给你带来访问流量，增加最终转化为销售结果的可能性。

更高的转化率。社交媒体营销以几个不同的方式带来更高的转化率，也许最重要的是将品牌拟人化。你的品牌在社交媒体上的"粉丝"越多，就越能提高它的曝光度和信任度，这也代表着一种社会认同。因此，只要在社交媒体创立起你的"粉丝"群，就能提高你现有的流量。

提高集客流量。事实证明，每条简介所展示的内容都是带来流量的一个契机。你在社交媒体上所发布的内容质量越高，为网站带来的集客流量也就越大。而更多的流量意味着更多转化机会。

你还在犹豫到底要不要进行社交营销？也许以下理由会让你心动：你的网站搜索排名将更靠前；你可以为现有客户和潜在客户提供更丰富的品牌体验；营销成本会大大降低。同时，通过主动监控社交媒体页面中的活动情况，你可以加深对客户的了解。这种监控通常被称为社群聆听（social listening）。从社群聆听中获得的信息将推动产品和服务的更新，并重新定义你的社交媒体影响力和内容整合工作。

你的"网络口碑"很重要，所以请养成"社群聆听"的习惯。让你轻松"聆听"的免费工具很多，其中就包括谷歌快讯（www.google.com/alerts）。这是一种很基础的"聆听"工具，每当某个网站提到你时，你就会收到通知。不过，该工具属于入门级的，不会覆盖所有的网站。值得注意的是，如果你想要从谷歌快讯得到立竿见影的效果，请在"频率"下面点"偶然"标签。IceRocket（www.icerocket.com）专门提供博客搜索业务，而"社会评价"（www.socialmention.com）抓取跨平台的汇总数据，并提供一些基本形势分析。Topsy（http://topsy.com）、IceRocket和"社会评价"非常相似，它们主要关注社交媒体。这些工具都不能做到面面俱到，只能抓取网络上的零星信息。

社交媒体的生存环境总是随着时间而改变。那么，你怎么知道下一个变化趋势呢？"社交媒体搜索引擎"又是什么？HashAtIt（www.hashatit.com）为你提供了一种方法来实时了解多个社交媒体中的热门信息。该网站收集所有社交平台用户的状态更新，允许访客搜索在Facebook、Twitter、Instagram和Pinterest上最受欢迎的话题标签。

五步搞定社交营销方案

制订任何社交营销方案，第一步都应是设定目标，这能让你对各种突发状况迅速作出反应。我建议你分别设定两个主要目标和次要目标。比如，一个主要目标可以是提高品牌认知度或提高客户的忠诚度；一个次要目标可以是获得更多的网站流量或创建订阅用户清单。基于这些目标，你会选择不同的社交媒体。

第二步是评估社交媒体。在制订社交营销方案前，重要的是先了解你现有社交账号的基本运作情况。

随后就到了第三步——完善社交媒体上的信息资料。如你还未在热门的社交平台上创建账号，请带着强烈的品牌宣传意识创建一个。如你已有账号，最大限度地将它们经营得真实而独特。

第四步，在社交媒体上发布内容或信息以获取关注，你可以从竞争对手那里获得灵感，也可从你的粉丝分享内容和措辞的方式上获得灵感。

许多公司已成功地通过高明的社交营销策略脱颖而出，忠实地遵守这些策略，学习一切你可学习的东西。制订社交营销方案需切记一个真理：内容要出彩。你将从第五步中详细了解"内容"本身，将这些详细信息添加到综合性的编辑日历（editorial calendar）中。关于内容，你要回答以下问题：

- ◆ 你打算通过社交媒体发布何种类型的内容？
- ◆ 你多久发布一次？
- ◆ 如何针对内容受众进行定位？
- ◆ 谁来创造内容？
- ◆ 如何推广内容？

最近的研究发现表示：内容发布不易过于频繁。许多顶级品牌每天在 Pinterest 上更新五条内容，每天在 Twitter 上更新三条内容。你可以在 Facebook 上每天更新两次内容，这会让你得到的"赞"和评论比较多。而在 LinkedIn 上每天更新一次就足以覆盖 60% 的受众群体。

你的编辑日历应该列出你在社交营销期间，发布博客、Facebook 帖子、Twitter 更新和其他内容的具体日期和时间。我建议你创建一个列表，提前安排要发的内容。另外，你的社交营销方案也应该具备一定的灵活性，当新社交媒体出现时，你可能需要将其添加到方案中。随着之前设定的目标一一达成后，你需要设定新的目标，然后再调整社交营销方案。这是一个动态的方案，所以请保持它的开放性。

检查、追踪和提高你的线上影响力

Klout（https://klout.com）于 2008 年在旧金山成立，它是一家量化人们在线影响力的公司（当时 Twitter 还处于孵化起步阶段）。它为每个用户分配一个 Klout 分数（1～100），该分数旨在衡量用户在各个社交话题中的影响力，并对其进行排名。目前，所有互联网用户均可免费使用 Klout。

社交营销相当耗时，其效果常常也不尽如人意。它的成败通常取决于你的目标受众是否是社交媒体的重度用户。如果你能将正确的内容展示到正确的人面前，他们会将其散发出去。社交网络分析师发现，大多数 Facebook 页面的帖子在发布后 3～5 个小时内就会被淹没。最近，Klout 推出了一个"企业版 Klout"，它可以告诉企业，他们的 Twitter 粉丝和 Facebook 粉丝之中哪些人具有较强的网络影响力。

Klout 最近还推出了一个提升用户活跃度的内容工具。你可以分享一个指向自己的链接，也可以分享由他人创建的内容（Klout 推荐的内容），或者双管齐下。这种方法本质上是通过增加你在 Twitter 上被转发或回复的机会，来提高你的社交参与度。如今，越来越多的社交达人通过提高他们在 Klout 上的评分，来彰显自己的社交影响力。那如何得到更高的 Klout 分数呢？我提供几个简易方法。

建立社交关系网。提高 Klout 分数与在现实中建立成功的社会关系大体相似——和那些真正对你和你的内容感兴趣的人建立一个有目标、活跃度高的关系网。

提供富有意义的内容。创建或汇总一些有意义的内容，让你的朋友乐于在社交平台上与他人分享。对了，最后别忘了附上链接！

参与互动。积极地与他人进行有益的、真实的互动：向你的粉丝提问、回答问题、发起话题讨论……

和每个人互动。不要害怕和评分低的Klout用户互动，这并不会影响你的分数。事实上，这不仅能帮助他们提高分数，还能使你成为一个具有影响力的人。

保持发布的频率。接触一些博客、视频网站等免费的开放平台，它们为用户提供发声机会。好好利用这些平台吧！

还有其他一些免费的监测网站，比如Kred（http://kred.com），它能评估社交影响力和延伸广度，为你的社交账号打分。你的社交影响力是以Twitter上转发次数、回复数、被提到与关注者的数量来计算的。

社交的延伸广度是一个累积的分数，由你转发、回复、分享和提及其他人的频率决定。你和你的关注者在社交平台上的每一次互动，都对分数有影响。另外，你可以在一个活动页面上清楚地看到是什么对你的Kred分数作出贡献。这也是Klout和Kred这两个监测网站最透明的原因。当你在使用Klout时，不要发布对你的读者毫无价值的内容。你可以用Klout帮你创建一个充满原创文章和摘编文章的资源库，并将内容定期推送给读者。

你不可错过的社交媒体

接下来，我将介绍社交营销中会用到的社交媒体及其使用技巧。至于具体运用哪一社交媒体，由你的目标受众所决定（请参看第3章）。

Facebook

最近的调查表明，Facebook 仍然是最受欢迎的社交平台。2014 年 10 月，Facebook 宣布其每月的活跃用户人数已达到 13.5 亿，跟中国的总人口数持平。此数据还表明 71% 的网民都是该网站的用户。更重要的是，70% 的用户每天都会登录 Facebook。以下是关于如何在 Facebook 上更受关注的建议。

优化主页的封面图片。封面图片是你的账号留给他人的第一印象，若有人在帖子、显示页面或其他地方提及你的账号，封面图片也会被展示出来，因此，尽可能让它讨人喜欢。

优化"关于"（About）。你要在这个部分添加关键词，告诉他人你是做什么的。你的 Facebook 需要发布有价值的内容。毕竟，人们能与你互动的最普遍方式是浏览你的帖子。这就意味着要明确具体需要发布的内容及其频率。你最好在 Facebook 上输出多元化内容，比如商业资讯、实用小贴士、照片、链接及小笑话。

保证一定更新频率。Facebook 上的帖子曝光寿命极短（通常 3 ~ 5 个小时）。这意味着如果你的帖子一周只更新几次，那你随时可能会"掉粉"。我建议你的内容更新频率保持一天两次，这样才能保证账号的活跃度。系统地去其他板块活动，比如发表自己的见解，也会提高你的主页的曝光度。若你是公司的代表人，那么发布帖子的时候就使用你的个人信息。当你偶尔在各个主页上分享公司的一些营销活动，也会起到引流的作用。

Instagram

Instagram 诞生于 2010 年，它既是一个图片分享平台，也是一个社交平台。（2012 年，Facebook 斥资 10 亿美元收购了 Instagram。）与其他社交平台不同，Instagram 完全以图片和视频为中心，用户只能上

传图片和短视频（长达 15 秒），不能发布纯文本信息。这可能让其能发挥的作用受到限制。

不过，大约半数的 Instagram 用户每天都会活跃在该平台上。只要你富有创意，它会给你带来意想不到的营销效果。

在 Instagram 上进行营销前，你也需要设定清晰的目标。Instagram 建议营销人员"使用动人的图片，传达真实的故事"。这虽是一个好主意，但很多营销人员都咩有能制作出精美图片和精良视频的团队。所以我们需要下些功夫向一些具有影响力的用户学习，而 Instagram 也给出以下几点建议。

- ◆ 如果你的用户名不打算使用企业名称，最好选择一个可以与你的品牌轻易联系到一起的名称。
- ◆ 你的账号头像应该为品牌的 logo 或图形标志，但需要注意到，这张图片适合裁剪成圆形。
- ◆ 图片标题应简短，最好加入一些标签（不超过三个）。
- ◆ 这些标签应该对图片加以说明，比如应该包括图片或视频的位置。
- ◆ 使用添加人功能，在图片上标记账号，有助于扩大受众。
- ◆ 使用 Instagram 应用程序中的过滤和其他工具编辑图片。这些效果会让图片具有独特的"Instagram 外观"，让人们过目不忘。
- ◆ 上传美丽、意外、真实、即时的图片和视频，不论对象是人是物，当你捕捉这一瞬间时，要让它具有你的品牌特性或视角。

当然，和关注者进行互动也很重要，你可以在 Instagram 上发一些有趣的问题，一般都能引起他们的回应。

Pinterest

Pinterest 创建于 2008 年,它是一个需要注册的免费网站,用户可以通过名为"pinboards"的功能(简称为"Pin")上传、保存、管理图片和视频内容。

该平台在提高用户活跃度上走了一条非常坎坷的道路(用户活跃度仅有 17%)。但对于一些公司而言,Pinterest 仍然可以成为一个很好的在线营销平台。你要如何利用它呢?看看那些入驻该平台的名人吧!例如,玛莎·斯图尔特(Martha Stewart)的公司,采用了主题板块的策略。如今,该公司在 Pinterest 上的主题宣传板已经超过 126 个,拥有接近 13 000 个图针(Pin)和近 50 万追随者。你必须承认,当你计划准备大量的专题板块和内容时,条理性就非常重要。

《每日秀》(The Daily Show)Pinterest 团队的坚持让人惊叹。2013 年,他们发布的内容超过 23 000 条,拥有超过 106 000 名追随者,现在这些数字仍然在迅速增加。2013 年底,Etsy(www.etsy.com)在 Pinterest 上有超过 317 000 名关注者,每位用户都可以看到 Etsy 的卖家提供何种类型的产品。通过用图片宣传自己的产品,Etsy 能够增加卖家的收入,同时也为其网站带来流量。L.L. Bean 专注于培养客户习惯。2013 年,他们在 Pinterest 上拥有 560 万粉丝,他们的宣传板涵盖"户外乐趣"下所有的子话题。

以下是在 Pinterest 进行营销活动的小贴士。

- ◆ 使共享变得容易。2013 年,丝芙兰的 Pinterest 粉丝数量增长到了将近 20 万,部分原因是丝芙兰在他们的电子商务产品页面上加入了 Pinterest 的一键共享,这使 Pinterest 成为其网站的十大反向链接源之一。
- ◆ 让宣传板的命名更有趣。全食超市(Whole Foods)在

Pinterest 上的曝光率越来越高。2013 年，它的粉丝已经超过 14 万，其主题板块的名字比如"芝士——请收下我的膝盖""花园养成记"以一种轻松快乐的方式让用户很快了解板块中的内容。

◆ 保持关联性。《悦己 SELF》杂志的粉丝在 2013 年就超过了 20 万，部分原因是它改变了其原本特质，转而反映一年之中各个季节的独特之处。

◆ 突出最具创意的地方。毕竟 Pinterest 以"创意"来标榜自己：将想法、产品和服务以非常具有创造性的方式展示出来，吸引关注者的眼球。

◆ 让你的宣传板的封面变得独一无二。

◆ 确保和你的网站相链接。社交终究是关于链接的。

◆ 利用"Pin"功能让自己的宣传板更受欢迎。

◆ 给粉丝有趣的 Pinterest 体验。人们想要被娱乐，被激发，但是最重要的是，他们在寻求乐趣。

◆ 发布博文。将文章中的图片放到宣传板上，并附上文章链接。

◆ 利用群消息板接触更多的人，获得第二次"Pin"，更多的粉丝和流量。

◆ 在 Facebook 账户上新增（免费的）Pinterest App。要始终想到利用跨平台宣传。

◆ 一定要利用其他的平台来增加 Pinterest 的曝光率：每周在 Twitter 上发布关于 Pinterest 的信息 2～3 次，每周定期更新 Facebook 上面的内容。

利用 Pinterest 分析工具，你很容易就发现现有客户及潜在客户怎样和你的"Pin"互动。

LinkedIn

LinkedIn 是一个让全球职场人士可以相互沟通的社交网站。这就意味着为了获得更多关注，你的 LinkedIn 主页要发布严谨、有内涵、有价值、能发人深省的文章。你还可以在 LinkedIn 上观察竞争对手的动态。实际上，你可以从一个公司的领英主页获取到各种信息。

LinkedIn 还给你提供了一个挖掘客户和发展人脉的机会。从现有客户的 LinkedIn 人脉网上寻找多的潜在客户。建议你向自己 LinkedIn 上的所有联系人发一封邀请函，请他们成为你的邮件订阅者。同时，你要承诺他们将会收到颇有价值的内容（文章、报告等）。同时，你也要主动关注他们的 LinkedIn 账号。

LinkedIn 提供的赞助更新（sponsored updates）业务有助于让你发布在 LinkedIn 上的内容变成他人的资讯来源。LinkedIn 上的付费点击广告或者付费展示可以提供用户的相关数据统计信息（地区、性别、年龄）。同时，它还可以根据公司名称、职称、职能、个人技能、毕业学校及群组来定制内容。LinkedIn 的赞助更新为你向精准的目标客户发送高价值的内容（文章、电子书）提供了一个有效途径。专家认为 LinkedIn 是一个扩大业务范围和吸引新客户的强大社交平台。若你制订一个健全、持续的 LinkedIn 营销计划，就有机会引领思想潮流。

Tumblr

Tumblr（汤博乐）既是博客平台也是社交网络。与其他博客平台一样，用户可以在 Tumblr 上创建自己的博客，发布文本、照片和视频等原创内容，他们也会把别的站点的博客内容复制过来。单个用户也可以关注博客，该功能类似于在 Twitter 或 Facebook 上关注某人。如今，Tumblr 已成了最热门的社交博客平台之一。截至 2014 年，Tumblr 的用户已有 4.2 亿人，每天发布 2.17 亿条博客、1.14 亿条动态。

如果你想在 Tumblr 上开一个新博客，那么你需要一点好运气才能得到一个简单的 Tumblr 地址。（因为最简洁的词和名字都已经被别人用了。）但不要担心，有几个简单的方法，可以助你获得很棒的 Tumblr 博客地址——使用在线词典查看自己要使用词的同义词，或访问 Word Generator（www.wordgenerator.net）。你甚至可以从 Word Generator 中列出你喜欢的单词，然后将它们插入 Thesaurus.com，看看你还能找到什么。

有些专家甚至建议使用拼写错误的单词，或用数字作为博客地址（虽然对于企业 Tumblr 博客而言，这不是一个很好的选择）。记住，你的 Tumblr 地址不是石头，你可以随时通过"设置""选择博客"和"更改网址"来更改此设置。凭借超高的社交活跃度和诱人的视觉呈现效果，Tumblr 在 Twitter 和 Facebook 等其他社交平台中间取得了一席之地。

在将 Tumblr 添加到你的社交营销方案之前，你应该确定你的受众是否也是 Tumblr 的用户。如果答案是肯定的，就赶紧行动吧！

Twitter

在 Twitter 上，你有大把的机会进行营销。最近的调查发现，现有的 9.74 亿 Twitter 用户中大部分都不太很活跃。但你无须担心，最近它的活跃度有所上升。这一理由足以让你将 Twitter 列入你的营销矩阵中了。

全面完善你的 Twitter 账户的个人描述是创立个人品牌的第一步，切勿上传语焉不详的文字资料。还要记住，Twitter 允许你在个人描述中加入链接，所以要有策略地使用这一便利。你的个人描述中一定要包含自己的名字，以便人们能辨认出你。

在 Twitter 上实现精准搜索似乎有点难，比如，很多人认为如果在搜索栏中输入若干关键词，服务器会搜索含有其中任意一个关键词的所有推文。遗憾的是，这并不是 Twitter 的运作方式。Twitter 只会搜索包括所有关键词的推文，就好像有一个看不见的"和"插入你的关键词中间。作为代替，你可以用"或"检索算符。另外，当你想要搜索一个短语而不是单独的关键词时，你应该把短语放入引号内（单独的关键词不需要引号）。

你还可以通过使用"推特分析"（Twitter Analytics）找到同行，不过，你需要请求广告客户身份。一旦你的账户拥有广告客户身份，你会在登录后看到"推特分析面板"，点击上面的"粉丝"选项，通过查看你的粉丝关注了谁便能发现更多的联系人。除了罗列出你的粉丝，"分析面板"还能评估你的推文和"推特卡片"（Twitter Cards）的效果（"推特卡片"允许你在推文附上照片和视频，给你的网站带来流量）。

Twitter 的群组分类功能是过滤信息的有效方式，它能依据相似的特性或兴趣将成员进行分组。你可以用一个隐秘的分组来追踪竞争对手，也可以在公众名单中凸显你极具吸引力的客户名单。增长你的 Twitter 组群成员最快的办法，就是提醒人们，你已经将他们加入你的名单中。简而言之，创建和分享你的用户清单，将把你定义为一名权威者，因为人们都试着相信你。这利于你再进一步扩大影响力和群组。

Twitter 之前对超过 200 万的用户做了一个调研，其结果显示推文中附带一张照片，转发量可以增加 25%，附带一个视频，转发量可以增加 28%。可见，照片和视频对于提高账号关注度非常有用，但是你如何将它们运用到你的 Twitter 营销中呢？如果你遇到问题，可以进入 Twitter 的帮助网站（https://support.twitter.com）寻找答案。

YouTube

YouTube 诞生 10 年后，它的用户已经超过了 10 亿。如今，用户每分钟上传的视频时长达 300 小时，而网站监测人员告诉我：用户每月观看视频的总量增加了50%。既然YouTube有如此高的活跃度，你完全可以上传视频推销你的产品。

同样，你上传的视频必须"有价值"，让人有转发的冲动，这将有助于扫除你与潜在客户之间的任何障碍。尽量让的你视频内容有个性，这会促使其二次传播。你也可以考虑每周上传一次视频（或每两周一次），分享公司的最新动态。当然，这个视频应该是有趣且可共享。

请注意，必须让你的视频很容易就搜索到。谷歌是YouTube的母公司，你可以在视频的标题、标签和说明中使用有针对性的关键字，这样才能获得最佳的搜索排名。

YouTube上有许多可用的工具，例如免费提供超过150种公版乐器音轨的音频库。你可以通过YouTube账户中"视频管理器"访问音频库，根据类型、心情、乐器或持续时间等分类来选择需要的音乐。一旦为你的视频找到了完美的背景音乐，点击下载图标，你就能在视频中使用它了。

YouTube有一款粉丝查找工具（www.youtube.com/yt/fanfinder），它能把你的视频推广给更多的人。它允许你提交展示品牌和内容的短视频，这些视频将被推广给最有可能喜欢你的内容并成为常规观看者的用户。你还可以使用视频播放器的网站注释，链接到你的公司网站。这是一个多步骤过程，要求你验证YouTube账户，以及网站域名的所有权。一旦两者都通过验证，你就可以将公司网站与你的YouTube账户相关联。除了为视频添加外链之外，你还可以为每个视频添加时长达3秒的动画宣传短片或品牌水印。

你也可以在YouTube的卡片式界面上添加图片、链接和有号召力的文字。当观众观看你的视频时，他们不再需要动笔写下你提到的网址，卡片将提供他们需要的所有信息。有六种类型的卡片可供选择：商品、筹款、视频、播放列表、相关网站和粉丝资助。设置YouTube的卡片页面并不耗时，但请确保你使用的任何一张卡片与视频播放的日的保持一致。

YouTube 这个平台为高水平的创意交流提供了可能。请记住你的每个社交媒体的账号，保持他们在风格上的一致性，并注重与粉丝的互动。你可以通过访问网站的入门指南（www.youtubc.com/yt/creators/get-started.html），随时掌握最新的 YouTube 视频创作者工具和程序变动。

不要犹豫，要有耐心

毫无疑问，社交媒体不仅可以帮助你找到新客户，扩大受众群体，还能从你的现有客户和潜在客户那里获得即时反馈。社交媒体也是搜集市场情报、超越竞争对手、增加网站流量，以及提升搜索排名的重要工具。它也能使许多信息被及时传播出去。可即便有这些优势，社交媒体对任何期待马上看到结果的人来说都不是最好选择。

"关于社交媒体营销，"经验丰富的企业家加里·范纳洽（Gary Vaynerchuk）说，"我们必须有耐心。它不像搜索引擎营销和搜索引擎优化，更不像电子邮件营销、直邮。它是浮躁世界中的一场马拉松。社交媒体营销是一个困难的矩阵，虽然它有时候比的是速度，但更多时候比的是终身价值。"

附录 A

营销人必用表格和工具

以下是我们在撰写营销计划时所涉及的主要步骤,在空白处填写即可创建你的营销计划!

步骤 1:确定愿景

你无须操心怎样把愿景说得更完美,最重要的是开始认真地想象一下你的公司在未来 3 ~ 5 年的样子,并回答以下问题。

- ◆ 你提供什么服务?
- ◆ 为谁?(什么类型的客户?如果你有特定的客户,列出他们。)
- ◆ 你的公司位于哪里?你在家里还是在办公室工作?想象一下工作中的自己?
- ◆ 你的企业盈利多少?
- ◆ 你的员工为公司带来了什么样的价值?他们有什么技能和素养?(尽可能具体。)

- 当你把公司卖掉或把它交给职业经理人时，它是什么样子？
- 你的公司在哪些方面比其他公司做得更好？
- 是什么激励你创业？
- 在向他人描述你的业务时，你使用的四个或五个关键字是什么？你的客户在描述你的服务时会用什么词？

写下你的愿景：

_____

_____

步骤 2：描述你的利基市场（锁定市场）

描述你的利基市场，可以参考以下公式：

我为 _____（你的服务对象）提供 _____（你的服务），这样他们就能 _____（某种结果）。

描述你的利基市场：

_____

_____

步骤 3：了解客户

月度报告

"跟踪"常客能让你确定潜在客户的平均终身价值，你可以在 Excel、Access 或甚至 Word 中创建类似于下面的表格。

客户报告（年/月）								
	购买服务	解决问题	日期	数量	购买年限	上次购买日期	客户建立日期（月/日/年）	截止周期价值
客户 1								
客户 2								
客户 3								
总计				$	$			$
备注:								

客户档案

为每位客户创建一个客户描述文件，及时更新其信息。你可以在 Access 或其他数据库中，构建如下的概要文件。记住，比竞争对手更了解客户的欲求和需求，是赢得利基市场的关键之一。

客户信息	
联系信息	
姓名	
职位	
公司	
电话号码	
传真号码	

(续表)

地址	
购买记录	
老客户	
售后服务（日期、数量）	
最大的挑战	
解决挑战的感知价值	
客户竞争对手	
他们的主要客户	
购买时间	
提供的类型	
终身价值	
客户偏好	
最佳联系方式	
购买频率	
周年纪念日	
最喜欢的餐馆	
配偶	
孩子	
业余爱好	
喜爱/不喜爱	
对他们有影响的事件	
市场努力	
种类/日期/结果	
下一步行动	
（请列一份明细）	

描述你的潜在客户

描述你理想中的潜在客户,尽可能多添加细节。你需要明确他们面临的最紧迫问题是什么?他们的购买习惯受到什么驱动?什么影响着他做采购决定?

_____

_____

描述你的现有客户

_____

_____

评论你的现有客户和理想中的潜在客户的重叠程度。

描述他们之间的异同点。如果两者之间存在巨大差异,请描述你打算做出的改变,以使他们更加接近。

_____

_____

你的潜在客户在与你做生意时希望获得怎样的体验?

_____

_____

为了找到更多的潜在客户,你需要做什么?

_____

_____

步骤 4：认清竞争对手

用表格区分你和竞争的差距。回想一下，你认为对潜在客户重要的事情，竞争对手如何应对？你是看到机会，还是威胁？

_____

_____

总结你对竞争对手的分析，你的机会在哪里？

_____

_____

特点	你的企业	竞争对手1	竞争对手2	竞争对手3	竞争对手4	竞争对手5
他们提供什么服务？						
主要焦点						
感知优势						
广告词						
他们如何定位自己？						
他们擅长什么？						
优势						
在你的利基市场中他们忽略了什么？						
他们哪里没做好？						
客户喜欢他们的理由						
客户抛弃他们的理由						
你能从他们身上学到什么？						
你比他们做得好的地方						

(续表)

你有哪些优势他们无法复制?					
他们做的哪些事情可能抢了你的生意?					
他们如何给自己的服务定价?					
他们如何打包服务?有特别优惠、奖金、权威保证、更长的服务时间,还是更多的服务提供商?					
弱点					
你的机会					

第5步：业务定位

定位宣言的一般格式如下：

"我们向需要/想要 _____（你解决的问题）的 _____（你的潜在客户类型）销售 _____（你的服务类型），他们将从我们这里购买，因为 _____（为什么你的解决方案是不同的）。"

写下你的定位声明：

_____

为你的公司定下明年的目标，主要目标控制在 3～5 个：

_____
_____

写下你实现年目标的策略：

_____
_____

步骤 6：确定你的策略

确定你将使用的 3～5 个策略，为什么你认为它们是最适合你的目标和战略的选择？

_____
_____

步骤 7：设置评估方法

你将用哪些数据来跟踪你的结果？如何衡量每个指标？你将使用什么系统？

_____
_____

步骤 8：写下销售过程中的计划

销售中的每个阶段，你和潜在客户之间像是在共舞。你需要与客户保持在同一节奏。想想你在每个阶段需要做什么，才能顺利进入下一个阶段。当你为了吸引客户而制订策略时，请记住下表。

销售过程阶段	
我该如何尽可能多地吸引潜在客户？	
我该如何获得有效信息？	
我该如何获得与客户的见面机会？	
我将做什么样的报价来结束销售？	
我将如何有效跟进客户，知道对方购买？	
如何跟进并服务新客户，进而实现再次销售？	

列出你的主要活动

月份	活动	资金预算	实际成本	资源	预期结果	实际结果
1月		$500				
2月		$200				
3月		$200				
4月		$500				
5月		$600				
6月		$200				
7月		$500				
8月		$200				

(续表)

9月		$200				
10月		$500				
11月		$1 100				
12月		$300				
备注：		需要再次进行的活动：			需要删除的活动：	

广告预算工作表

广告预算							
月份	总营销预算	杂志	网站	电视	广播	直邮	公共关系社交
1月							
2月							
3月							
4月							
5月							
6月							
7月							
8月							
9月							
10月							
11月							
12月							
总和							

营销计划格式

我们的愿景（使用步骤1的答案）

我们的利基（使用步骤2的答案）

我们的潜在客户（使用步骤 3 答案）

我们的竞争对手（使用步骤 4 答案）

我们的策略（使用步骤 5 答案）

我们的战术（使用步骤 6 答案）

我们的测量方法（使用步骤 7 答案）

我们的行动计划（使用步骤 8 答案）

我们的 30 天目标：

_____

我们的 3 个月目标：

_____

我们的 6 个月目标：

_____

我们的 9 个月目标：

_____

我们的 12 个月目标：

_____

活动计划（月／年）						
	目标	日活动				
		周一	周二	周三	周四	周五
第一周						
第二周						
第三周						
第四周						
评论／结果						

附录 B

营销计划范例

脊椎按摩营销公司的营销计划

我们的愿景

成为南加州脊椎按摩师心目中首屈一指的营销公司,因为我们了解脊椎按摩市场。

我们的任务

为脊椎按摩师们制订一个切实可行的业务增长计划。

我们的利基市场

我们为自己办公室半径范围 10 英里内的脊椎按摩师制订营销计划,让他们知道如何将自己的资源重新整合在最适合自己的客户身上。

我们的潜在客户

为父母和孩子服务的家庭健康脊椎按摩机构是我们的潜在客户,这类型的机构专注于营养、锻炼和按摩。

除此之外，对于我们选中的脊椎按摩师，我们还知道：

- 70%为私人营业。
- 28%专攻家庭实践。
- 另有1%专门服务儿童。
- 他们每周平均服务127名患者。
- 他们的病人平均在第一年花费$1 200。
- 他们的病人平均每年上门30次，每次花费$40。
- 新患者占总客户的60%。
- 客户留存率为40%。
- 每周平均有7名新病人。
- 他们的平均收入是每年35万～50万美元。
- 他们的平均利润是11万美元。
- 脊椎按摩师的平均年龄为42岁。
- 他们80%是男性。
- 他们希望得到公众和医疗界的更多认可。
- 他们从国家贸易协会、行业杂志、健康杂志、商业杂志和互联网获得信息。
- 他们也销售枕头、维生素等周边产品。
- 敏感问题：收入不景气，他们需要新的病人，对健康保险支付的依赖越来越大；想要更多来自医生的推荐客户；公众仍然对脊椎按摩的好处缺乏了解。

我们的竞争对手

我们瞄准的市场范围内有4家脊椎按摩培训机构。但是，没有一家重视营销计划。通过分析黄页广告、宣传单和报纸广告等，我们发现这些机构都宣称能让潜在客户的业务量增长。因此，他们是间接竞争对手，因为潜在客户会把他们视为另一个解决方案。

其中的 3 家培训机构是新开的，而脊椎按摩营销公司有 4 年的成功历史。这些培训机构通过电话完成培训，我们则提供一对一的服务。面对面的对话能够启发客户采用从未考虑过的营销方法。

总之，我们能让客户看到一对一线下服务的价值。不过，它比电话咨询更耗时间。竞争对手承诺帮助脊椎按摩师实施改革，这是一个更昂贵的选择。我们则主要吸引那些认为自己只要有了计划，就能自主实施的人。因此，我们主要为那些想要自己实现计划的用户提供服务。对于那些想要全方位服务的人，我们可以与一名或多名培训师合作。

我们的业务定位

定位声明：专为家庭脊椎按摩机构制订行动计划，以帮助其实现"无痛式"盈利增长，实施营销计划，就不会带来任何损失。

脊椎按摩营销公司，为家庭脊椎按摩机构提供行动发展计划。

今年目标：将收入从 15 万美元增加到 20 万美元。目前在南加州有 29 个客户，每个月大概新增 2~3 个客户，客户留存率为 35%。

实现今年目标的策略

统治办公室 10 英里内的市场，该区域内有 42 家脊椎按摩机构。今年我们需要搞定其中的三分之一。

- ◆ 增加 15 个新客户。
- ◆ 将客户留存率提高到 40%。
- ◆ 计划完成后，通过为客户推荐执行专家来赚取收入。
- ◆ 添加年中跟进服务。

我们的战术

经过仔细分析，我们认为最有效的战术是：

- ◆ 与专门从事脊椎按摩机构创业指导的培训机构合作。
- ◆ 撰写文章，并发布到互联网和纸媒上。
- ◆ 建立强有力的引荐计划。
- ◆ 使用直接邮件。
- ◆ 与脊椎按摩师群体对话。

我们的评估方法

由于我们的目标是增加收入、客户数量和提高客户购买频率，因此我们将凭借以下数据来测量效果：

- ◆ 收入
- ◆ 现金流
- ◆ 应收账款
- ◆ 应付款
- ◆ 新客户
- ◆ 客户留存率
- ◆ 客户的终身价值
- ◆ 主要活动费用
- ◆ 其他营销费用
- ◆ 通过主要活动收到的咨询请求
- ◆ 购买数量
- ◆ 成交比、
- ◆ 网站访问者

- ◆ 页面访问量
- ◆ 点击率
- ◆ 佣金
- ◆ 税
- ◆ 收益（净利润）

我们使用如下表格来追踪我们的成果：

目标	策略	战术	数据	成本		产出		
				期望	实际	期望	实际	使用资源
	策略1	战术1						
	策略2	战术2						
	策略3	战术3						

我们的1年行动计划

成果追踪								
目标	策略	战术	数据	成本		产出		
				预期	实际	预期	实际	使用资源
收入增长5万美元	引荐增长20%	引荐计划	被引荐来的客户	100美元直邮		3篇关于博客、网站和直邮的新案例研究；3个网站的书面证明；1个新客户		向新客户询问他们从哪里听说我们；问任何询问我们的人，他们从哪里听说我们；回复邮件请求；证明文件。

(续表)

成为专家	每月刊登1篇新文章	刊登文章；引导；见面；新客户		向新客户询问他们从哪里听说我们；问任何询问我们的人，他们从哪里听说我们；回复邮件请求；证明文件	刊登文章的杂志
	每个月与目标群体对话1次	演讲；引导；见面；新客户		1次演讲；10个合格销售线索；4次会议；2个新客户	发表演讲的聚会

为完成明年的目标，以下是脊椎按摩营销公司主要做的事情：

目标	策略	战术	待办事项	截止日期
12月31日前将销售业绩由15万美元提高到20万美元。	在书写脊椎按摩疗法的营销计划方面打响名头，因为该公司的覆盖范围内还没人这样做。	在一年之内根据CMP清单进行4次直邮活动，以建立并培养客户关系。	为直邮活动确定4个关键点。为每一封邮件增加一些价值，使收件人不仅有阅读的理由，也有保存的理由。判断按摩师在阅读邮件后作出什么反应。决定邮件的撰写人和跟进者。	1月15日 4月15日（报税截止后发邮件） 7月15日 9月15日

（续表）

		营销活动方案。	为线上和线下杂志写文章。	4月1日
			在线下杂志上发表4篇关于脊椎按摩疗法的文章。	5月1日
			将邮件中的文章用于他们的网站和CMP清单。	6月1日
			从1月31日开始写5篇文章发给编辑，此后的每个月都增加一些新文章。	10月1日
			将所有的文章都发表在CMP网站上。	1月31日
			决定是否需要雇一个代笔，如果需要，开始面试合适人选。	每月底
		与脊椎按摩疗法组谈话。	确定当地脊椎按摩师们所属或关注的网络群。	1月31日
			准备4~5个能吸引我们目标客户的简报。	3月1日
			雇一个虚拟助理。	3月31日
			开始联系组织机构得到一月一次的演说机会。	4月1日
		制作强有力的推荐计划。	决定推荐计划要为CMP做什么；决定该计划怎样让计划者受益；决定为此推荐计划制订日程安排的人该得到什么样的回报；制订推荐计划，将它加入网站和所有直邮中；寻找其他可以提升该计划的机会。	1月31日

（续表）

	统治办公室10英里范围内的市场。	与专门从事按摩机构实践指导的教练合作。	决定脊椎按摩营销公司希望从与教练的合作中得到什么；决定能使客户受益的合作模式；确定脊椎按摩营销公司合作对象的资格和标准；联系我们目标市场以内的每个教练；通过见面，了解他们的方法、工具和结果；讨论双赢合作的可能；如果当地没有好的潜在合作对象，就把搜索范围扩大到整个洛杉矶县；决定如何推广你们的合作团队。	1月~3月
		开发"接触"系统，确保每个月联系一次客户。	列表将每三个月收到一封直邮；开发其他八个月的联系人；决定这八次接触的形式；将列表导入脊椎按摩营销计划公司的网站；每次直邮活动后给客户打电话；在其他月份将文章发送给脊椎按摩师，同时还需提供明信片、营销提示和其他有用的信息等。	1月31日
	增加15名新客户	专注于提高留存率，增加推荐人数以及利用软文和演讲来吸引客户。	与"开发引荐计划""开发客户维护计划"，以及医学博士、软文和演讲策略相同；此外，在年内至少举办一次研讨会。	1月~12月

(续表)

	将客户留存率提升到40%	开发客户维护计划	列出审查计划具有哪些好处；为客户提供激励，在对方购买服务时立即将其纳入当前客户列表，并在一年内直邮三、四次；为引荐人提供优惠。	1月~12月
	通过为客户寻找教练赚取收入	开发合作计划。	调查客户和潜在客户，看看他们是否会使用这两种服务；找出他们想要什么；决定脊椎按摩营销计划公司想从与教练的合作中得到什么；决定能使客户受益的合作模式；确定脊椎按摩营销计划公司合作对象的资格和标准；联系我们覆盖地区内的每个教练，通过见面了解他们的方法、工具和结果；讨论双赢合作的可能；如果当地没有好的潜在合作对象，就把搜索范围扩大到整个洛杉矶县；决定如何推广的合作团队；制订向客户介绍计划的细节；在培训班和研讨会上推广你们的合作。	1月~3月
	添加一个年中复审服务，提高服务使用率。	创造服务。	制订年中审查大纲内容；编写计划、定价；撰写直邮信件，与当前客户讨论；客户购买服务时立即向客户提供服务，并在一年内直接邮寄三四次。在直接邮件和接触电话中报价。	1月~12月

以下是我们为实现目标将进行的主要营销活动：

月份	活动	资金预算	实际成本	资源	预期结果	实际结果
1月	直邮	$500		邮件名单；推销信；出价。	1位新客户	
2月	接触1	$200		文章。	3位新客户	
3月	接触2	$200		明信片。	2位新客户	
4月	直邮	$500		邮件名单；推销信；出价。	3位新客户	
5月	讲习班；接触3（电话）	$600		场地；散发材料。	5位新客户	
6月	接触4	$200		案例研究。	3位新客户	
7月	直邮	$500		邮件列表；推销信；出价。	3位新客户	
8月	接触5	$200		电子邮件轰炸。	3位新客户	
9月	接触6	$200		信息图	3位新客户	
10月	直邮	$500		邮件名单；推销信；出价。	4位新客户	
11月	接触7（电话）；讨论会	$1 100		客户地址；说明书。	6位新客户	
12月	接触8（快乐的假期）	$300		卡片	1位新客户	
备注：		需要再次进行的活动：		需要删除的活动：		

我们的目标分解：

30 天目标：增加一个新客户；保持 35% 的客户留存率；营销预算保持在 500 美元内。

3 个月目标：实现 36% 的客户留存率；增加 6 位新客户；在 5 月开始研讨会的营销；营销预算保持在 900 美元内；与一名教练完成一次成功合作；收账 1 000 美元。

6 个月目标：实现 37% 的客户留存率；增加 17 位新客户；营销预算保持在 2 200 美元以内；完成 4 次成功合作。

9 个月目标：实现 38% 的客户留存率；增加 26 位新客户；完成 7 次成功合作；在 11 月开始研讨会的营销工作，营销预算保持在 3 100 美元以内。

12 个月目标：实现 40% 的客户留存率；增加 37 位新客户，使我们的客户总数达到 49 位；完成 9 次成功合作，支出 1 000 美元费用。毛利润 20 万美元，营销预算保持在 5 000 美元以内。

我们的预算

我们将在执行计划的前 30 天内审核此计划，然后每月审核一次。

服务		
营销计划	$185 000	
审核	$6 000	
合作	$9 000	
总收入		$200 000
支出		
营销	$5 000	
运营与管理支出	$82 000	
总支出		$87 000
税前利润		$113 000

# 附录 C

成为营销顾问

如果你不想自己撰写营销计划,却想寻求一个新观点,那你可以聘请一名营销顾问。也许,你有志成为一名营销顾问。值得一提的是,成为一名营销顾问有许多职业优势。你可以:

- 灵活安排自己的时间。
- 从帮助企业成长中得到满足。
- 有更多的假期。
- 知识和技能能得到提升。
- 享受工作内容的多样性。
- 享受用创造力和分析能力解决问题的乐趣。
- 获得六位数收入。
- 避免长途通勤。
- 爱穿什么穿什么。
- 采用你喜欢的任何工作方式(例如,你可以通过电话和互联网工作,永远不出家门一步或亲自到现场与客户合作)。

为什么需要营销咨询服务

各个企业、机构需要营销咨询服务的原因大致有以下几个原因:

- ◆ 大多数中小企业里很少有人具备全面的营销知识。
- ◆ 没有启动资金,没有特许经营费,没有昂贵的设备购买费,没有原材料或货物需要库存,更没有昂贵的办公室租金。
- ◆ 提供更多元化的服务,能带来销售力,几乎有数不清的机会从现有客户获得额外的收入。

为何市场对营销顾问的需求很高

市场对营销顾问高需求有很多原因,包括:

- ◆ 大多数企业面临着越来越严峻的竞争环境,需要更有效的营销活动来帮助他们突出重围。
- ◆ 产品、服务和技术的迭代更新加快,新的产品、服务和技术需要用新的营销方法来推广。
- ◆ 许多企业家认识到营销不仅能让公司摆脱同质化竞争还将带来高利润。
- ◆ 营销的方式变多,需要运用更多的专业知识与客户沟通。如今,我们在电视上可以选择的频道,可以订阅的杂志,以及可以登录的网站非常之多。广告和营销渠道的分裂使得一切营销工作更具挑战性。

随着越来越多的公司活跃于互联网,市场营销方案和技术也在多元发展,企业需要在第三方的帮助下部署有效的互联网营销策略。

营销顾问的具体作用

营销顾问可以帮助客户：

- ◆ 扩大市场份额。
- ◆ 进入新的市场。
- ◆ 提高营销活动的影响力。
- ◆ 确定和部署新的营销策略。

成功的营销顾问需要掌握什么技能

成功的营销顾问需要以下一般技能：

- ◆ 优秀的书面和口头沟通能力。
- ◆ 销售能力。
- ◆ 天生的好奇心和对商业的兴趣。
- ◆ 丰富的广告知识和基本的营销原则。
- ◆ 组织能力。
- ◆ 专注，能够独立工作。
- ◆ 创造力。
- ◆ 分析和解决问题的能力。
- ◆ 能够与商界任何级别的人合作。

还可能需要的其他技能有（具体取决于提供的服务）：

- ◆ 公开演讲。

- ◆ 写作。
- ◆ 图形设计。
- ◆ 线上和线下搜索。
- ◆ 宣传和公共关系。
- ◆ 数据库营销。
- ◆ 搜索引擎优化。
- ◆ 市场研究。
- ◆ 独特的销售主张开发。
- ◆ 直接反应营销。
- ◆ 广播广告。
- ◆ 黄页广告。
- ◆ 打印广告。
- ◆ 电话营销脚本开发。

关于营销计划的收费标准

如果你正经营一家小企业,打算雇用专业营销顾问为你写营销计划,预算为3 000～10 000美元。

低:$3 000美元

中:$5 000美元

高:$8 000～10 000美元

较高的营销费用,通常意味着营销顾问需要对你的行业、目标市场和客户进行更广泛的研究。这种级别的营销支出,一般发生在具有多个产品、服务和市场的大公司。

 关于作者

罗伯特·布莱（Robert W. Bly）是一位独立广告文案撰稿人和营销顾问，在B2B和直接反应营销方面有超过35年的经验。麦格·劳希尔(McGraw-Hill)集团称罗伯特·布莱为"美国的顶级文案写手"。他在2007年获得了美国作家和艺术家公司（AWAI）的最佳文案奖。这家公司的客户包括IBM、世界大企业联合会、PSE & G、美国电话电报公司、巴西航空工业公司、财捷集团、美国无线电公司、国际电话电报公司和普莱克斯公司等诸多知名企业和组织。

布莱为许多组织作过演讲，包括国家演讲者协会、美国研讨会领导者协会、美国培训和发展协会、美国陆军、美国记者和作家协会、技术交流协会、发现卡(沃尔玛旗下发行信用卡)和纽约大学继续教育学院。

布莱是多本畅销书的作者，其作品包括《文案创作完全手册：文案大师教你一步步写出销售力》《营销手册白皮书》《傻瓜公共关系》和《B2B直接营销》等。他的文章经常出现在《作家文摘》（Writer's Digest）《作家》（The Writer）《成功会议》（Successful Meetings）《美国运通》（Amtrak Express）《城市报》（City Paper）《DM新闻》（DM News）等出版物。

他还是《目标营销》(*Target Marketing*)的专栏作家。他的每月电子报（www.bly.com/reports）的订阅者超过了65 000名。

布莱所获得的奖项包括：直接营销协会的金回音奖、信息产业协会的IMMY奖、南星奖（Southstar Awards,）、美国企业标志卓越奖、Early to Rise 的年度市场营销奖以及网络营销协会的卓越奖。他是国际商业传播者协会（IABC）、商业营销协会（BMA）和美国化学工程师协会（AICHE）的成员。

在成为自由撰稿人之前，布莱是 Koch Engineering 的广告经理和西屋公司的营销文案。他拥有罗彻斯特大学（The University of Rochester）的化学工程学士学位，并接受过 Novell 认证的管理员培训。

联系方式：

Robert W.Bly

31 Cheyenne Dr.

Montville, NJ 07045

电话：(973)263-0562； 传真：(973) 263-0613

电子邮件：rwbly@bly.com

网站：www.bly.com